JN273025

事例演習 家族法

事例演習法学ライブラリ 4

二宮 周平 著
Shuhei Ninomiya

新世社

はじめに——本書の目的と使い方

　本書は，ひととおり家族法を勉強したが，もう少し深めてみたいと思っている，あるいは財産法は理解できるのだが，家族法は価値観が表に出ており解釈論がよく分からないと思っている読者（学生・院生・実務家・市民）を対象にしています。

　本書は，具体的な事例を素材に，a 事実認定や法的な議論の仕方，要件事実と証明責任，評価的要件事実と証明すべき事実，判例の前提とする事実関係と判例の射程，解釈のあり方と予防法学，想定外の問題への対応など，すべての法学の学習や実務にとって前提となる問題や，b 財産法の原理と家族法の原理の違い，子の利益と取引の安全といった理念の優劣，市民の感覚と法律の専門家の感覚の違い，相続法における法的安定性の意味，遺言意思の探求の仕方，法的解決の限界，家族紛争の解決の仕方（合意による自主的な解決の支援）など，家族法の考え方を，共に学ぼうというものです。各講のテーマも，こうした目的に適い，かつ家族法の重要論点であるものから選びました。ただし，網羅的ではありません。

　また随所に判例・通説への疑問や批判を書いています。なぜ判例・通説とは違う考え方をするのかを，みなさんに考えて欲しいのです。いわば「考え方」を考えるという本です。

　といっても，特に難解なことや独自説を書いているわけではありません。[1]ケースに目を通し，[2]法的論点を把握し，[3]必要な基礎知識を整理し，家族法のテキストで判例・学説をさらに調べ，[4]それらを応用してケースを解決し，[5]判例や通説の解決に限界があるならば，それを克服する，あるいは法制度を改善する課題を考える，という 5 つの項目にしたがって，本書を順に読んでいけば，上記の a や b，「考え方」を考えるの意味が分かってもらえるのではないかと思います。題して『事例演習家族法』です。全部で 16 講，本文 110 頁程度の厚さです。難しく考え

ないで，とりあえず読み進めて下さい。そして本書の内容をさらに詳しく学びたいと思った場合には，参考文献に目を通してみて下さい。

なお手前味噌ですが，本書を，二宮周平『家族法［第 4 版］』（新世社，2013）と併せて読んでいただければ，幸いです。各講[3]～[5]において，〈→　　頁〉と指示されているのは，上記の本の該当頁です。

最後に本書の企画段階から編集等にご協力いただいた御園生晴彦氏，丹念に校正していただいた谷口雅彦氏に心から感謝申し上げます。

2013 年 10 月 17 日

二宮　周平

目　次

第1講　婚外関係の法的処理
　　　　　事実認定の仕方 …………………………………………1
　　［1］ケース1（1）　［2］法的論点（2）　［3］基礎知識の整理と判例・学説を調べるポイント（2）　［4］ケースの解決（3）　［5］課題（5）

第2講　日常家事債務の連帯責任
　　　　　議論の仕方と証明責任 ……………………………………8
　　［1］ケース2（8）　［2］法的論点（9）　［3］議論の順序（9）　［4］基礎知識の整理とケースの解決（11）　［5］課題（12）

第3講　有責配偶者からの離婚請求
　　　　　「破綻」とは何か（評価的要件事実） ……………………14
　　［1］ケース3（14）　［2］法的論点（14）　［3］基礎知識の整理と調べるべき事実（15）　［4］評価根拠事実と評価障害事実，ケースの解決（16）　［5］課題（19）

第4講　夫婦財産制と財産分与
　　　　　財産法の原理と家族法の原理 ……………………………22
　　［1］ケース4（22）　［2］法的論点（23）　［3］基礎知識の整理と判例・学説を調べるポイント（23）　［4］ケースの解決（26）　［5］課題（27）

第5講　離婚後の子への配慮
　　　　　子どものいる夫婦の問題解決の手法（家事紛争の特性）…29
　　［1］ケース5（29）　［2］法的論点（31）　［3］基礎知識の整理と判例・学説を調べるポイント（31）　［4］ケースの解決（33）　［5］課題（34）

第6講　親子関係の成立と否定
判例の射程と子の福祉を守る視点からの解釈論 …………36
［1］ケース6（36）　［2］法的論点（36）　［3］基礎知識の整理と判例・学説を調べるポイント（37）　［4］ケースの解決（38）　［5］課題（41）

第7講　親権者の利益相反行為
子の利益と取引の安全 ……………………………………43
［1］ケース7（43）　［2］法的論点（44）　［3］基礎知識の整理と判例・学説を調べるポイント（44）　［4］ケースの解決（46）　［5］課題（48）

第8講　債務の承継と熟慮期間
市民感覚の解釈論 …………………………………………50
［1］ケース8（50）　［2］法的論点（51）　［3］基礎知識の整理と判例・学説を調べるポイント（51）　［4］ケースの解決（53）　［5］課題（54）

第9講　遺産から生じる果実の帰属
判例の前提とする事実関係と判例法理 …………………57
［1］ケース9（57）　［2］法的論点（58）　［3］基礎知識の整理と判例・学説を調べるポイント（58）　［4］ケースの解決（61）　[5］課題（62）

第10講　高齢者介護の法的評価
扶養と相続，契約的発想 …………………………………64
［1］ケース10（64）　［2］法的論点（64）　［3］基礎知識の整理と判例・学説を調べるポイント（65）　［4］ケースの解決（68）　［5］課題（69）

第11講　遺産分割のやり直し
遺産分割の意義と法的安定性 ……………………………71
［1］ケース11（71）　［2］法的論点（71）　［3］基礎知識の整理と判例・学説を調べるポイント（72）　［4］ケースの解決（74）　［5］課題（76）

第12講　高齢者の遺言能力
判断基準と予防法学　⋯⋯⋯⋯⋯⋯⋯⋯⋯⋯⋯⋯⋯⋯77
［1］ケース12（77）　［2］法的論点（78）　［3］基礎知識の整理と判例・学説を調べるポイント（78）　［4］ケースの解決（80）　［5］課題（81）

第13講　遺言の解釈
文言の不十分さと遺言者意思の探求　⋯⋯⋯⋯⋯⋯84
［1］ケース13（84）　［2］法的論点（85）　［3］基礎知識の整理と判例・学説を調べるポイント（86）　［4］ケースの解決（88）　［5］課題（90）

第14講　債務を相続させる旨の遺言と遺言執行
想定外の問題への対応　⋯⋯⋯⋯⋯⋯⋯⋯⋯⋯⋯⋯91
［1］ケース14（91）　［2］法的論点（92）　［3］基礎知識の整理と判例・学説を調べるポイント（92）　［4］ケースの解決（94）　［5］課題（96）

第15講　遺留分減殺請求後の法律関係
地裁・家裁の手続に求められるもの　⋯⋯⋯⋯⋯⋯98
［1］ケース15（98）　［2］法的論点（99）　［3］基礎知識の整理と学説を調べるポイント（99）　［4］ケースの解決（101）　［5］課題（103）

第16講　不貞の相手方の不法行為責任
法の役割と限界　⋯⋯⋯⋯⋯⋯⋯⋯⋯⋯⋯⋯⋯⋯⋯105
［1］ケース16（105）　［2］法的論点（106）　［3］基礎知識の整理と判例・学説を調べるポイント（106）　［4］ケースの解決（109）　［5］課題（110）

索　引　事項索引（113）
　　　　判例索引（115）

＊凡 例

法 令
　民　　民法　　　　　　　　　家事　　家事事件手続法

判例集
　民集　　最高裁判所民事判例集　　家月　　家庭裁判月報
　判時　　判例時報　　　　　　　　判タ　　判例タイムズ
　金法　　金融法務事情

文 献
　判例批評・判例評釈・判例解説などはすべて「判批」として，タイトルを省略した。

第1講　婚外関係の法的処理
　　　——事実認定の仕方

＊第1講で考えること
婚外関係が解消した場合の法的保護に関する事案を元に，事実認定の練習をする。少し長いが，ケース1の事実関係を読んでほしい。どのような事実があれば内縁と認定できるのかを考える。その上で，内縁の死亡解消について，財産分与規定を類推適用できるか，判例法理を検討する。

[1] ケース1

　A男（1920年生まれ）は，兵庫県内の病院の運転手として働き，1947年1月にB女と婚姻し，同年3月にY_1，1949年7月にY_2が出生した。Aは，高松市に移りタクシー運転手として働き，1954年には，甲タクシー有限会社を設立し，死亡するまで代表取締役として経営にあたった。

　Aは，1971年3月頃，X女（1929年生まれ）と知り合い，5月頃からXのアパートに出入りするようになり，家賃等の費用として月額5万円を負担して交際を続けた。XはZと婚姻し，1男1女をもうけていたが，Zが死亡したため，子らをZの実母に預けて単身で働いていたのだった。Aから渡される生活費の額はその後，増額され，1997年1月，A死亡当時には，月額20万円となった。

　Aの妻Bは，1981年頃から筋無力症になり入院治療を続けたが，87年8月，死亡した。他方，Aも肺炎や気管支炎により，1985年12月下旬から入退院を繰り返し，さらに87年4月から88年10月までは結核のために入退院を繰り返しており，この入院中，XはAの指示に従って材料を買い込んで，病院内でAの夕食を調理していた。

　退院後，AはY_1夫婦らと同居するため自宅を新築し，週の内，1，2日はX宅で寝泊まりしていたところ，次第にX宅で過ごす時間が長くなっていたが，Aは肺気腫のため就寝中激しい咳を繰り返し，Xはほとんど眠

ることができないので，1990年頃からは，Aは週末はY₁宅に戻るようになった。その後，Aは，91年には入退院を4回，94から95年にかけて入退院を5回繰り返しており，この間，Xは毎日病院で夕食を調理した。

Xは自分の老後の保障がないことを考えて，Aに対して財産の分与もしくは婚姻の届出をして欲しいと述べたが，Aは婚姻の届出には応じず，家を1軒買い与えると繰り返し言いながら，売買が成立しそうになると，しばらく考えたいと言って，契約を成立させなかった。ただし，1990年から92年にXはAから300万円の贈与を受けている。

Aは1996年に入院したまま，97年1月に急死した。XはAの葬儀に親族の一員のような立場で参列，焼香した。Aの遺産総額は1億8500万円余，その内1億3200万円余は，タクシー会社の出資持分であり，遺産分割により，そのすべてをY₁が取得している。XはAの相続人であるY₁・Y₂に対して何らかの財産を請求することができるだろうか。

[2] 法的論点

> ❶ 亡AとXの関係は内縁と認定できるか。
> ❷ 内縁と認定できたとして，内縁関係の死亡解消後に，Xが何らかの財産を確保するためには，どのような法的構成が可能か。

[3] 基礎知識の整理と判例・学説を調べるポイント

❶を解答するためには，内縁の成立要件を確認する必要がある。内縁とは，婚姻の届出をしていないが，事実上夫婦として共同生活を営んでいる男女関係と定義されてきた〈→142頁〉。事実上の夫婦である以上，(a) 当事者の間に社会通念上，夫婦として暮らす意思と，(b) 実際に共同生活をしていることが必要である。

ケース1では，AとXの関係は，Aの妻Bが死亡するまでは，重婚的な関係である。Bの死後は，Aの入退院に際してXは献身的に世話を

しているが，AとXは継続的に同居しているわけではない。しかもXが婚姻の届出を求めても，Aはこれを拒んでいた。AとXの間に，(a) 社会通念上，夫婦として暮らす意思と，(b) 夫婦としての共同生活があるといえるだろうか。妻Bが生存中の関係（重婚的な関係）でも内縁と認定できるのだろうか。判例・学説の法的処理を調べる〈→143頁〉。

❷を解答するためには，内縁の法的効果を確認する必要がある。判例は，内縁の法的性質を婚姻に準ずる関係と捉え，婚姻法の各規定の中で実際の夫婦共同生活を根拠に認められる権利や義務，例えば，同居協力扶助義務，婚姻費用分担義務，日常家事債務の連帯責任，離婚の際の財産分与などを内縁にも認めてきたが，配偶者相続権は否定している〈→147頁〉。

ケース 1 は，Aの死亡によって内縁が解消した。Xには配偶者としての相続権はない。下級審や学説には，内縁の死亡解消にも財産分与規定（民768）の類推適用を認めるものがあったが，最高裁（最決平12[2000]・3・10民集54・3・1040）が，「相続の開始した遺産につき財産分与の法理による遺産清算の道を開くことは，相続による財産承継の構造の中に異質の契機を持ち込むものであって，法の予定しないところである」として，類推適用を否定して以降は下級審でも認めていない〈→150頁〉。Aの遺産の大半は自社株である。事業後継者であるY₁が集中的に取得しなければ，タクシー会社の経営は難しくなるかもしれない。Xは，Aから渡されていた生活費（徐々に増額されA死亡には月額20万円）と300万円の贈与で満足すべきなのだろうか。そうではないとすれば，財産分与の類推適用以外の解釈を考える必要がある。

[4] ケースの解決

内縁の認定　　❶について。亡AとXの関係は内縁と認定できる。

判例は，内縁当事者の一方が婚姻の届出に応じようとしない場合でも，夫婦としての共同生活の実態があれば，当事者の間に社会通念上，夫婦として暮らす意思があったと認定している（岐阜家審昭57[1982]・9・14家月36・4・78等）。また継続的な同居がなく，お互いの住まいを行き来し，夫婦とし

て宿泊旅行などをしていた事例で，「精神的にも日常の生活においても相互に協力し合った一種の共同生活形態を形成していたものと認められるので，事実上の夫婦と」認めている（大阪地判平 3[1991]・8・29 家月 44・12・95）。

重婚的内縁については，法律婚が破綻し実体を失い，事実上離婚状態にある場合に，内縁側に夫婦共同生活が存在するときには，実質的に一夫一婦制に反しないことから，内縁を保護する（最判平 17[2005]・4・21 判時 1895・50 等）。

ケース1では，Aの妻Bが亡くなるまでは，法律婚が破綻しているとはいえないため，AとXの関係は内縁とは認められない。しかし，B死亡後Aが亡くなるまでの関係の約10年間については，XはAの看病や世話に献身していたこと，継続的な同居がないのは，入退院とAの疾病を理由とするものにすぎないこと，生活費を増額したり，300万円の贈与をしているのは，AのXに対する愛情，感謝の意思表明と見ることができること，Aの葬儀に親族の一員のような立場で参列，焼香したなどから，**(a)** AとXの間には社会通念上，夫婦として暮らす意思と，**(b)** 夫婦共同生活としての実態があったと評価することができる。

法的構成　❷について。判例は，財産分与の類推適用を否定するのだから，これ以外の解決を考える必要がある。財産法の法理としては，内縁夫婦の協力によって築いた財産を夫婦の共有財産と解釈し，1/2 の共有持分を認め（民250），共有物分割請求（民256）を適用する方法がある。しかし，判例で財産の共有が認められるのは，内縁夫婦が家業を共同経営したり（大阪高判昭 57[1982]・11・30 家月 36・1・139），双方の収入を合わせて生計を維持していたり（名古屋高判昭 58[1983]・6・15 判タ 508・112），建築費用を一部拠出しているような場合（東京地判平 4[1992]・1・31 判タ 793・223）など経済的な活動・財産の拠出を通じて共同で財産を形成しているような場合であり，**ケース1**のようにXがAの介護や世話など家事を中心としていた場合には，上記のような財産形成への寄与がないため，共有とは認められていない。Xの献身的介護によってAが家政婦を雇ったりする費用を節約することによって，Aの財産を維持した，したがって，財産形成に寄与があった，共有持分を何割か認めると言えるかどうか。被相続人の療

養看護に尽くしたような場合に，寄与分を認め，具体的相続分を増額させることができるが（民904の2），これは相続人間の公平の調整として法文化されているから可能になることであり，財産法の解釈としては，無理がある。

夫婦を組合的に考えて一種の組合財産が形成されていると見る立場（内田貴『民法Ⅳ［補訂版］』（東京大学出版会，2004）40頁参照）からは，内縁夫婦についても組合的に捉え，内縁の死亡解消を組合の解散（民682）として，組合財産の清算後の残余財産の分割（民688Ⅲ）を考えることができるが，民法の夫婦別産制の規定（民762）を超えて，夫婦を団体的に捉えること自体の妥当性が問われる。また判例は内縁の法的処理について，組合的な考え方をとらない。介護や世話をしたにもかかわらず，対価を得ていなかったとすれば，不当利得返還請求と構成することもありうるが，毎月渡される生活費と300万円の贈与が対価的なものと認定されると，不当利得があったとはいえない。長男の妻など扶養義務者ではない者が高齢者の介護をした場合には，事務管理による費用償還請求（民697，702）の適用を考えることがあるが，内縁夫婦の間には同居協力扶助義務を認めるので，義務なくして事務を開始したという要件には当てはまらない。結局，判例や財産法の法理では，Xに財産も確保することが難しい。

なおAが厚生年金などに加入していれば，Xが「婚姻の届出をしていないが，事実上婚姻関係と同様の事情にある者」（厚生年金保険法3Ⅱ）として，Aの遺族年金の受給権を得ることができる（同58）。

[5] 課　題

事実認定とその基準　❶について。要件事実をどのような事実から証明していくか。ケース1では，(a) 社会通念上，夫婦として暮らす意思と，(b) 夫婦共同生活としての実態が，当該関係が内縁と認定されるための要件事実であり，(a)・(b) とも，さまざまな事実から総合的に認定されている。このことは財産法の問題でも同じである。

内縁の事実認定で注意したいのは，判例が，(a) では一方が婚姻の届出を拒否していても，(b) では同居が継続していなくても，(a)・(b) を

認めるなど，認定の基準を緩和していることである（前掲岐阜家審，前掲大阪地判，前掲最決平 12 の第 1 審・第 2 審等）。事実上の共同生活から生じる問題について，できるだけ法的保護の可能性を開いておこうとする判例の姿勢の現れかもしれない。抽象化された要件事実でも，その認定の基準が変わることによって，要件事実を証明すべき事実の取り上げ方も変わる。認定の基準を変えられるかどうかは，社会の実態と望ましい法的解決への問題意識に左右される。事実認定は客観的な事実の積み上げによってなされるとは限らない。その背後には，認定する人の価値判断が潜んでいることがある。それが恣意的にならないようにする手法の 1 つは，同種の問題に関するこれまでの判例を検討し，共通項を引き出したり，展開の方向を明らかにすることではないだろうか（例えば，内縁・事実婚に関して，二宮・後掲参考文献（『事実婚の判例総合解説』）参照）。

財産分与類推適用の根拠　❷について。財産分与の類推適用を認める下級審判例（大阪家審昭 58［1983］・3・23 家月 36・6・51 等）や学説があげる理由を参考にする〈→150 頁〉。

(1) 内縁の生前解消であれば，財産分与の類推適用で一定の財産が保障されるのに，終生協力関係にあった死亡解消の場合には適用が否定され，保護がないというのは，不公平である。

(2) 内縁の死亡解消に財産分与を類推適用するのは，相続権がないことによって生じる不合理な結果を防ぎ，共同生活者の利益を守るための方法としてであって，これを認めたからといって，法律婚の死亡解消にも財産分与を適用することにはならない。法律婚には配偶者相続権があり，これによって配偶者の利益は確保できるからである。

(3) 内縁の死亡解消によって，死亡内縁配偶者には死亡と同時に財産分与義務が発生し，その義務を相続人が承継するのだから（財産分与義務の相続は判例も肯定する，大阪高決平 23［2011］・11・15 判時 2154・75），内縁配偶者は相続人を相手方に財産分与の協議をすることができる。

(4) 上述 (2)・(3) によれば，最決平 12・3・10 の指摘する「相続による財産承継の構造の中に異質の契機を持ち込むもの」とはいえない。

(5) 財産分与であれば，専業主婦であった内縁の妻にも夫婦財産の清算

として包括的に財産の分与が認められ，高齢・病気などで財産形成に寄与がない場合でも，扶養の必要性を考慮して分与が認められるので，生存内縁配偶者に適切な救済を保障できる。

ケース 1 の元になった事案で第 1 審（高松家審・平 10[1998]・5・15 民集 54・3・1057）は，主として上述の (1)・(2) を理由に，財産分与の類推適用を認め，亡 A は財産分与として 1000 万円負担すべきであったとし，債務は法定相続分で相続人に分割帰属することから，相続人である Y_1，Y_2 に対して各 500 万円を支払うよう命じている。

判例の射程　最後に判例の射程（適用範囲）について。財産分与の類推適用を認めた前述の下級審判例（大阪家審昭 58・3・23）の事案は，女性 X が，先妻を亡くした男性 A と見合いの上，挙式し，A 死亡まで 26 年間夫婦として同居し，A が医院を開業してから 20 年近くは，X が窓口業務，調剤・外科手術の手伝いなどをし，A が病を得てからは，看護に尽くしていた事案である。相続人は A の兄，妹，甥（代襲相続）だった。内縁成立の要件事実 (a)・(b) が極めて明白な事例である。医院の補助的な仕事と家事（療養看護を含む）を担っており，A の財産形成に対する寄与度も高い。このような事案にも最高裁の判例法理は適用されるだろうか。

本最決を掲載している最高裁民事判例集の「判示事項」「判決要旨」では，一般的に内縁の死亡解消に適用されるように記述されている。それでも，明らかに最決平 12・3・10 とは前提事実が違う，したがって，「判例は事案を異にし，適切でない」という論法が使えるだろうか。財産分与の類推適用を認める私見からは，肯定したいところだが……。

■参考文献
- 二宮周平『事実婚の判例総合解説』（信山社，2006）。
- 森山浩江「非婚夫婦と準婚法理」『新家族法実務大系①』（新日本法規，2008）221～243 頁。
- 二宮周平「事実婚の多様性と法的保護の根拠」家族〈社会と法〉27 号（2011）20～33 頁。

第2講　日常家事債務の連帯責任
――議論の仕方と証明責任

＊第 2 講で考えること
妻が夫名義で契約をした場合に，契約の相手方が名義人に対して契約の履行を請求するためには，どのような主張をし，そのためにどのような事実を証明しなければならないのか，名義人の方では，請求を拒否するためにどのような反論をし，そのためにどのような事実を証明しなければならないのか，またある条文をめぐってどのような解釈を主張し，反論していくのか，議論の順序を考える。その素材として日常家事債務の連帯責任の問題を取り上げる。

[1]　ケース 2

　Y の妻 A は，子どもの教育に熱心であり，1994 年 12 月 28 日，子ども向けの英語教材を Z 社から購入し，購入代金の立替払いについて，Y の名義で X 社（割賦購入斡旋を業とする会社）との間に立替払委託契約を結んだ。その内容は，①Y は X に対し，立替金 497,490 円に手数料 98,510 円を加算した合計額 596,800 円を，合計 48 回に分割して，1995 年 2 月から 99 年 1 月まで，毎月 27 日限り 7,000 円宛支払う。ただし，1 月及び 8 月は，右 7,000 円に 32,500 円を加算して支払う，②Y が支払を怠り，X から 20 日間に相当する期間を定めた書面により支払を催告されたにもかかわらず，その支払を履行しないときは，Y は期限の利益を失い，X に対し，残額を一時に支払う，③遅延損害金は年 6 分の割合とする，というものである。
　1995 年 1 月 20 日，X は Z 社に立替払いをした。しかし，その後，Y の不払いがあり，1996 年 10 月 18 日，X は Y に対し 20 日以内に未払い金を支払うよう催告したが，Y の履行がなかったため，11 月 7 日の経過をもって，Y の期限の利益は喪失した。そこで X から Y に対して，残額 371,925 円と遅延損害金を請求した。Y は支払わなければな

らないか。

　YとAは1991年5月に婚姻し，7月にBが出生した。契約締結当時，YはW社に勤務し，月収は手取り約30万円，年収は約550万円であり，Aも生命保険の外交員として勤務し，一定額の収入があった。Yの資産としては，200万円の財形貯蓄預金，150～160万円の積立保険があった。Yは社宅，AとBはAの実家で暮らし，Yは自分の小遣い5～6万円を差し引いた残額を生活費としてAに渡し，その使途について制限を課すことはなかった。

　AはBを私立T学園付属幼稚園に入園させることを強く希望したため，Yは幼稚園の近くに家賃125,000円でアパートを借り，1996年4月から親子3人で同居し，Bはこの幼稚園に通っている。

[2] 法的論点

> **1** 立替払委託契約の当事者は誰か。
> **2** 立替払委託契約は妻の代理行為によって有効に成立しているといえるか。
> **3** 立替払契約は，民法761条の「日常家事債務」に該当するか。
> **4** 立替払契約が日常家事の範囲外だとされた場合，どのような解決が考えられるか。

[3] 議論の順序

　1．Xは，本件契約書にYの氏名が記載され，押印があることから，Yが本件契約を結んだと主張する。これに対してYは，妻Aが勝手に記載し押印したものであり，自分は契約を結んだ覚えがないとして，Xの主張を否認する。筆跡が違うことは，この否認を証明する有力な事実である。そこでXは，AはYの指示にしたがってYの氏名を記載し，押印したものであり，Yの使者なのだから，Yが契約当事者であると主張

する。これに対してYは，そのような指示はしていないと否認する。指示があったかどうかの証明責任は，契約の有効性を主張するX側にあるから，指示の事実を証明できない場合には，AがYの使者であるという主張は認められない。

2. ❶の主張が通らなかったのだから，次にXは妻Aは夫Yの代理人だから，本件契約はAの代理行為として有効であると主張する。これに対してYはAに代理権など与えた覚えはない，Aが自分に無断で本件契約を結んだと否認する。代理権授与の事実は，代理行為として有効と主張するXが証明しなければならない。委任状や実印・印鑑証明書等があればともかく，これらがない場合に，家庭の内部事情から代理権の授与があったことを証明するのは困難を極める。

そこでXは，1995年2月から1996年8月か9月頃まで分割金が支払われている，したがって，Yは無権代理行為を追認しているから，有効な代理行為となり，支払う責任があると主張する。これに対してYは，給与をAに渡し，その使途はAに任せていたことから，自分が分割金を支払っているという認識はなかったと否認する。確かにYは妻に生活費を一括して渡しており，その使途を把握していなかったのだから，そのとおりである。

3. ❷の主張が通らなかった段階でXは，民法761条を用いる。Xは，本件契約はYとAの子Bの教育のための商品購入なのだから，日常家事に関する法律行為に該当し，YとAの連帯責任が発生するから，Yには支払い義務があると主張する。これに対してYは，確かに英語教材であり教育に関する商品だが，価格は約50万円であり，自分の月収を超える買い物となる，これは「日常」とはいえないと反論する。

Xは，確かに価格は約50万円であるが，月賦払いであり，毎月7,000円と，1月及び8月のボーナス月の翌月に32,500円加算されるだけなので，Yの月収や年収を考えると，支払えない金額とはいえないから，日常家事の範囲内だと主張する。ここでは，主張を証明する事実は，Yの月収や年収になる。これに対してYは，Xの主張によれば，いくら高額な商品でも割賦払いにすれば，日常家事の範囲内になること，不履行が

あれば，期限の利益を喪失し残額一括払いとなり（本件でも 37 万円を超える），かつ遅延損害金も加算されるため，月収をはるかに超える支払を迫られることになることから，商品の価格それ自体で日常性を判断すべきだと反論する。ここで解釈が問題となる。判例が日常家事に関してどのような基準を立てているか調べる必要がある。

4. ❸で立替払委託契約が日常家事の範囲外とされた場合，X は，夫婦には民法 761 条の前提として，日常家事に関する法律行為につき代理権があるのだから，当該契約は，代理権の範囲を超えたものではあるが，妻には子どもの教育に関する商品を購入する代理権があると信じる正当な理由があるから，表見代理（民 110）が成立する，したがって Y には返済する義務があると主張する。Y は，このようなケースについてまで表見代理が成立すると，夫婦の財産の独立性を保てないから，表見代理の問題とすべきでないと反論する。ここでも解釈が問題となる。判例は日常家事代理権を基本代理権として，表見代理の成立を認めているかどうか調べる必要がある。

［4］基礎知識の整理とケースの解決

❸日常家事の判断基準について。判例は，日常家事に関する法律行為とは，個々の夫婦が共同生活を営む上で通常必要な法律行為なのだから，個々の夫婦の社会的地位，職業，資産，収入等によって異なり，また夫婦の暮らす地域の慣習によっても異なるが，民法 761 条が夫婦の一方と取引関係に立った第三者の保護を目的とする規定であることから，夫婦の内部的な事情や個別の目的のみを重視して判断すべきではなく，客観的に，その法律行為の種類，性質等も考慮して判断すべきとする（最判昭 44 [1969]・12・18 民集 23・12・2476）。当該夫婦の主観的な事情と当該法律行為の客観的な種類・性質を考慮することである。法律行為の相手方を保護するためには，客観的な基準が必要であり，また夫婦の一方の財産を保護するためには，当該夫婦の事情を考慮する必要があるからである〈→68 頁〉。

ケース 2 では，当該夫婦の主観的な事情としては，子の教育に熱心

（私立の付属幼稚園に入園させたい，転居までしている），夫の月収・年収・資産，都市部における教育熱（幼児の「お受験」が珍しくない）などであり，当該法律行為の客観的な種類・性質としては，子ども向け英語教材購入のための立替払委託契約，立替額，分割払いの金額などである。

ケース 2 に関する判決（東京地判平 10［1998］・12・2 判夕 1030・258）は，分割金が当該夫婦の生活水準に照らして不相当に高額とは言えないこと（主観的事情），子どもに英語教育をするために購入した教材だから，夫婦の共同生活に通常必要とされる事項に該当すること（客観的事情）から，日常家事債務に当たるとした。

❹日常家事の範囲外の法律行為について。前述の最高裁判例は，夫が，自分に融資してくれた会社の債権回収のために，妻の代理人として妻名義の土地建物を当該会社に売却した事案において，当該行為は，前述の判断基準から，日常家事の範囲外だが，相手方が当該法律行為が当該夫婦の日常家事の範囲内と信ずるにつき正当な理由のあるときに限り，民法 110 条の趣旨を類推適用して，その第三者を保護すれば足りるとし，当該事案では，正当な理由はないとして，民法 761 条の連帯責任は生じないとした〈表見代理との違いについて→69 頁〉。この判例の基準に従い，客観的には日常家事の範囲外だが，相手方が範囲内と信ずるにつき正当な理由があるとされた事例はほとんど存在しない（数少ない例外として，妻が「医療費」として夫名義で締結した 150 万円の個人ローンの契約を日常家事の範囲内とした名古屋地判昭 55［1980］・11・11 判時 1015・107 がある）。

[5] 課　題

同じように妻が子のために学習用教材を購入し，業者との間で自己名義で立替払委託契約を結んだ事案があるが，日常家事の範囲外とされた事例がある（八女簡判平 12［2000］・10・12 判夕 1073・192）。ケース 2 との違いは，妻名義か夫名義かという契約の名義の違いの他に，①立替金額（724,828 円，月額 12,000 円），②妻が支払った回数 4 回，③子 C の高校受験用教材，④夫は中卒，妻は女子高卒，子 A は中卒，子 B は農業高校卒，子

どもの進学については本人任せ，⑤夫の月収は 17 万円程度，妻の月収は 7〜8 万円程度，夫の収入は借金の返済や家族が利用する車のローンの返済にまわし，妻の収入から生活費を支出，不足分を貸金業者から借り入れ，契約締結当時 300 万円の借金があった，住居や農地は亡父の名義のまま，⑥農業地域で進学熱は高くない，⑦教材販売会社の訪問販売員 2 名が，午後 8 時頃，夫婦方を訪れ，夫が就寝中のため妻が対応したが，根負けして午後 11 時前後に本件契約を締結，⑧子は教材を使わなかったなどの事情があった。判決は④〜⑧の主観的事情を重視した。

　この業者はケース 2 と同一の割賦販売斡旋を業とする会社である。立替払委託契約は，実際には訪問販売員と妻との間で作成されているため，会社には上述の主観的事情の内，夫婦の収入や職業以外は不明である。取引きの相手方を保護する必要はないだろうか。

　夫婦の一方名義の土地を無断で処分する，担保に供する，高額の借金をするなどの場合には，客観的に見て日常家事の範囲外なのだから，範囲内と信じても正当な理由があるとはいえない。しかし，高級寝具，高額の学習教材，高画質テレビ，薄型多収納冷蔵庫，全自動洗濯機，太陽熱温水器などの購入であれば，当該夫婦の主観的な事情次第では，日常家事の範囲内に入ることもある。

　こうした法的処理は安定性に欠けるとすれば，日常家事の範囲とは，平均的な月々の家計に支障を来さない程度，せいぜい 5 万円までの生活必需品の購入や借金に限定するという考え方もある〈→68 頁〉。これが乱暴だというのであれば，主観的事情を把握しえない割賦販売斡旋業社などは，夫または妻に対して立替払委託契約の締結を確認すべきであり，その労を惜しむことは，正当理由の判断の重要な要素になるという解釈もある。

■参考文献

- 原田純孝・判批・ジュリスト 772 号（1982）209〜213 頁。
- 滝沢聿代・判批・『別冊ジュリスト 家族法判例百選［第 6 版］』(2002) 14〜15 頁。
- 右近健男・判批・判例タイムズ 1091 号（2002）66〜67 頁。

第3講　有責配偶者からの離婚請求
──「破綻」とは何か（評価的要件事実）

＊第3講で考えること

婚姻を継続し難い重大な事由があれば，離婚請求が認められる（民770 I⑤）。ここでは，婚姻関係の破綻を示すいろいろな事実を認定し，それらを総合して，婚姻が破綻している＝婚姻を継続し難い重大な事由に該当するか否かという法的評価を加える。「子の利益」「正当事由」など，法的評価が加わる類型の要件事実を「評価的要件事実」という。裁判官が，認定された諸事実を総合して法的評価を加えるため，その評価が裁判官によって異なることがある。主観的な評価を避けるためにどうすればよいか，有責配偶者からの離婚請求を素材に考える。

[1] ケース3

夫Xは，単身赴任先の福岡で妻Y以外の女性Zと親しくなり，この女性と20年近く事実上の夫婦共同生活をしているが，妻の立場も考え，離婚を口に出さず，毎月，多額の送金をし，東京へ出張の際には妻の元に立ち寄り，衣食の世話を受けたり，一緒に買い物や観劇をしたりしていたので，妻はいずれ夫が自分の所に戻ってくるだろうと確信している。しかし，夫は退職に当たり，残りの人生を考え，妻に離婚を請求した。離婚請求は認められるだろうか。

[2] 法的論点

❶ X・Yの婚姻関係は破綻しているか。
❷ Xは婚姻関係破綻について有責配偶者といえるか。
❸ 有責配偶者からの離婚請求が認められるためには，どのような事

実を証明する必要があるか。

[3] 基礎知識の整理と調べるべき事実

まず民法770条1項5号の離婚原因「その他婚姻を継続し難い重大な事由」とは何か，判例・学説を調べてみる〈→81頁〉。繰り返しになるが，婚姻の破綻は抽象的な概念であり，何を持って破綻と認定するのか具体的な基準がない。例えば，別居が3年程度継続していたり，相手方が暴力を振るっていても，その事実から裁判官が破綻と認定するとは限らない。破綻の認定には，法的評価が加わるために，客観化が難しいのである（評価的要件事実（規範的要件事実ともいう））。**ケース3**では，どのような事実があれば破綻と認定され，どのような事実があれば，破綻という認定を妨げることができるのか，[4]で具体的に検討する。

次に，判例は，婚姻関係が破綻していても，破綻について責任のある配偶者（有責配偶者）からの離婚請求について，一定の条件を満たさない限り，これを認めない。そこで**ケース3**の場合，Xが有責配偶者かどうかを判断しなければならない。一般に配偶者以外の者と性的関係を持ち，そのことが原因で婚姻が破綻した場合には，有責配偶者と判断される。しかし，別の原因で婚姻が破綻した後に生じた性的な関係であれば，有責配偶者とはされない（最判昭46[1971]・5・21民集25・3・408）。また夫は妻以外の者と関係を持ったが，妻も夫以外の者と関係を持ったように，夫婦双方に破綻について責任がある場合にも，一方だけを有責配偶者とすることはない（最判昭31[1956]・12・11民集10・12・1537）。これら2つの判例は，後述の最大判昭62・9・2による判例変更の対象となっていない。**ケース3**でも，XがZと関係を持った当時のX・Yの婚姻関係の実態，Yに婚姻破綻の責任はないのかなどを確かめる必要がある。

最後に，Xが有責配偶者と判断された場合でも，離婚請求が信義則に反しない場合には，離婚請求が認められる。最大判昭62・9・2民集41・6・1423が，信義則に反しない場合として挙げたのは，

(1) 夫婦の別居が両当事者の年齢および同居期間との対比において相当

の長期間に及ぶこと，
　(2) 夫婦間に未成熟子が存在しないこと，
　(3) 相手方配偶者が離婚によって精神的・社会的・経済的にきわめて苛酷な状態に置かれないこと，
の 3 つである〈→86 頁〉。ケース 3 の場合，(1)・(2)・(3) に該当する事実があるかどうか。

［4］評価根拠事実と評価障害事実，ケースの解決

客観的事実　　まず家族関係に関する客観的な事実を確認する。
(a) X と Y の婚姻した年月日，
(b) 双方の出生年月日，
(c) 婚姻から現在に至るまでの双方の職業・収入，
(d) 子どもの有無・出生年月日，である。
　次に婚姻が破綻しているかどうかに関わる事実を確認する。
(e) 婚姻中の生活実態（婚姻費用の分担，家事・育児の分担，婚姻後に形成した財産等），
(f) X が Z と知り合った時期と交際に至る経緯，同居するようになった時期，
(g) X と Y が別居した時期・別居の原因，
(h) X と Z の生活実態（住居，生活費の分担，家事の分担等），
(i) 別居後の X と Y の生活実態（婚姻費用の分担，夫婦の交流の様子，子どもとの交流等），
(j) X と Y の離婚後の生活（経済的に自立可能か），
(k) 離婚給付の提供の有無とその内容，などは，ある程度は客観的に把握できるが，お互いに自己に有利な事実のみを挙げがちになることから，双方の主張が食い違う可能性がある。

評価根拠事実　　例えば，X は，Z と同居を始めてからは，Z と暮らしている福岡の住所で住民登録をしているから，生活の本拠はこちらにある，住民票では Z を「妻（未届）」と記載している，職場の同僚にも Z を配

偶者として紹介している，自分の収入の大半は Z との生活に使っている，同居は 20 年にもなるなどの事実を証明し（これらの事実が破綻という評価を根拠づける事実（評価根拠事実という）である），X と Z が事実上の夫婦関係にあるのだから，その反射として，Y との婚姻は戸籍上のものにとどまっている，すなわち破綻していると主張する。

評価障害事実　これに対して，Y は，X はこの 20 年間，離婚を口に出していない，毎月，多額の生活費の送金がある，東京に出張の際には Y 方に立ち寄り，衣食の世話を受けたり，一緒に買い物や観劇をしたりしている，子どもや親族の結婚式，家族の法事などには X と Y が夫婦として出席している，X の仕事仲間と Y 方で毎年，新年会をしているなどの事実を証明し（評価障害事実），このように自分たちは口論もなく平穏に交流しており，単身赴任の夫婦と同じような生活実態がある，また Y は X を心から愛しており，婚姻の継続を強く希望している，婚姻は破綻していないと主張する。

X は，Y の証明した事実を認めるが，それは，妻を一方的に遺棄することに対する申し訳なさからしたことであり，夫としての愛情に基づくものではない，時間をかけてできるだけ穏やかに離婚に至りたかっただけであり，生活費の支給，結婚式や法事等への参列は離婚した夫婦でもありうることで，これを持って破綻していないとは言えないと反論する。同じ事実でも，立場によって見方，法的評価が異なるのである。

みなさんが X や Y の弁護士であれば，それぞれ評価根拠事実，評価障害事実を証明して，婚姻が破綻している，破綻していないと主張することになる。みなさんが裁判官だったらどうだろう，婚姻は破綻していると判断するだろうか。

判　例　実は，**ケース 3** のモデルとなった事案では，第 1 審（東京地判平 8[1996]・5・13 判時 1602・97）が，婚姻の破綻を認め，有責配偶者からの離婚請求の 3 つの基準について審理し，基準を満たしているとして離婚請求を認容したのに対して，第 2 審（東京高判平 9[1997]・2・20 判時 1602・95）は，婚姻の破綻を認めず，離婚請求を棄却している。X の行動について，第 1 審は「夫として，また，父として，自らばかりだけでは

なく，被告（妻）や子供らの対面や感情を考え，長年にわたる別居の間に儀式等において世間的には夫婦であるかのように見えるよう行動することはあり得ることであるし，長年にわたり別居してきた被告に対して，これを労り，気遣いすることも，成熟した人格をもった原告のような人物であれば当然とるであろう行動である」と述べる。

これに対して第2審は「被控訴人（夫）が社会的活動に専念できたのは，被控訴人の裏切りに耐え，被控訴人の社会的立場に配慮し，被控訴人に対する愛情を優先して対処してきた控訴人（妻）の貢献によるところが大きいというべきである。このような控訴人の態度は，被控訴人が社会的活動をするうえで好都合であり，被控訴人は控訴人の寛大な態度に甘えてきたということができる……被控訴人が……控訴人との関係を離婚によって清算しようとするのは，身勝手な態度と評されてもやむをえないもので，控訴人に対する信義を著しく破るものといわざるを得ず，許容することができないものというべきである」と述べる。同じ事実でも，その評価が対照的に異なるという典型例だった。

有責配偶者の離婚請求の判断へ　上述のような過程を経て婚姻の破綻が認定されると，被告 Y は，夫の請求は有責配偶者からの離婚請求だから，信義則に反して認められないと抗弁する。ここで［3］で挙げた3つの基準に該当する事実があるかどうかが問題となる。

まず20年に及ぶ別居は，前述した最大判昭 62・9・2 の (1) の基準を満たし，子どもが成人していれば，(2) の基準を満たす。問題は (3) であり，評価的要件事実だから，X が Y に対して何をどのくらい財産分与するのか，Y の精神的苦痛を癒すために慰謝料をいくら出すのか，Y の年齢，健康状態，社会的な活動等から見て離婚によってどのくらい精神的苦痛や社会的評価の喪失があるのかなどから総合的に判断することになる。第1審では，妻 Y の夫の心情についての理解は，思い込みに基づくもので，客観性を欠いていること，Y は夫婦関係が形骸化していることを冷静に把握すべきであること，成人し頼りになる子どもらがいること，離婚をしてもその地位や身分に大きな影響はないこと，夫 X は自分名義の土地建物はすべて Y に財産分与すると申し出ていること，その他 Y の

要求があればできる限りこれに応えたい旨も述べていることなどから，(3) の基準も満たすとした。

[5] 課　題

　その後の推移　　上述のモデルとなった事案では，夫は，妻に対して生活費を送ったり，東京出張の際に妻方に立ち寄ったりなどしたことが，婚姻の破綻という法的評価を阻害したことを認識し，仕送りや妻との交渉を一切絶ってしまった。絶縁状態となり，こうした期間が長期化すれば，何年か後には，婚姻の破綻が認定され，離婚請求が認められる可能性が出てくる。

　同様の事案は，高齢者の離婚ケースにもある〈→83 頁〉。例えば，第 1 審の横浜地相模原支判平 11[1999]・7・30 判時 1708・142 は，婚姻の破綻を認め，妻からの離婚請求を認容したが，第 2 審の東京高判平 13[2001]・1・18 判タ 1060・240 は，破綻を認めず，離婚請求を棄却した。妻は上告したが，棄却され，数年後，再度，離婚請求をした。第 2 次訴訟の第 2 審（東京高判平 17[2005]・2・23 未公表）は，「被控訴人（夫）と控訴人（妻）の長期にわたる婚姻期間中における主要な事実経過は，原判決において認定説示されているとおりであって，前件離婚訴訟の判決確定後においても，円満な婚姻関係に修復することはできず，かえって時日の経過と共にそれが一層困難になったものであり，現在においては婚姻関係は完全に破綻した状況にあるといわざるを得ない」として，離婚請求を認容し，夫側もついに折れて，裁判離婚が確定した。

　破綻認定の問題点　　破綻の認定に客観的基準がないために，原告は評価根拠事実を，被告は評価障害事実を主張・立証する。夫婦関係，さらには同居中の女性あるいは男性との関係の細かな事実まで微に入り細に入り証明する結果，当事者・関係者のプライバシーが暴露される。ところで離婚は，単なる夫婦別れではない。これまでの共同生活の清算として財産分与をしたり，子どもが未成年の場合には，離婚後の親子の交流，養育費の分担などを話し合わなければならない。しかし，破綻をめぐる争いの中で

傷ついた者同士がこうした対応をすることができるだろうか。

　欧米各国には，日本のような，戸籍係に協議離婚届をすれば離婚が成立する制度がない。すべて裁判所の判決あるいは当事者の意思確認を得る必要がある。その過程で，財産の清算や子のための配慮も確認される。主たる離婚原因は，婚姻の破綻であり，破綻は一定の別居期間（離婚の合意があれば別居期間は短縮される）で判断される（→森山浩江「離婚の成立」大村・河上・窪田・水野編『比較家族法研究』（商事法務，2012）57〜105 頁，323〜344 頁参照）。したがって，日本のようなプライバシーの暴露合戦は存在しない。離婚後の共同親権や親子の面会交流を原則化する背景には，離婚自体に関する当事者の葛藤を沈静化させる仕組みがある〈韓国の協議離婚制度改革につき→77 頁〉。

　日本も 1996 年 2 月の法制審議会答申（略称・民法改正案要綱）では，離婚原因として新たに「夫婦が 5 年以上継続して婚姻の本旨に反する別居をしているとき」が付け加えられた〈→90 頁〉。5 年は長いように思うが，それでも改正案は法制化されていない。こうした現状の下で，評価的要件事実に関する裁判官の主観的な判断を防ぐには，原告・被告の弁護士がいたずらに対立をあおらず，当事者の話合いを確保し，裁判外であるいは家事調停の段階で決着をつけることしかないように思う〈→82 頁〉。家事調停のあり方が問われる。

　多面的な破綻認定の基準　　最後に。婚姻の破綻が問題となるのは，①離婚の場合だけではない。②不貞の相手方の不法行為責任の問題では，配偶者の一方が第三者と性的関係を持った当時，すでに婚姻が破綻していれば，第三者（不貞の相手方）の不法行為は成立しない〈→53 頁，第 16 講 107 頁〉（最判平 8・［1996］3・26 民集 50・4・993）。③重婚的内縁の問題では，第 1 講で述べたように，法律婚が破綻していれば，内縁として法的に保護される〈→144 頁〉。それぞれの局面で，破綻の認定基準は異なる。②では，数か月から 1，2 年程度の別居があれば，破綻が認定される。そもそも②の不法行為責任を認めるべきかについて消極的ないし否定的な学説もあり，短期間での破綻認定は支持されている。①は，一般的には 3 年前後の別居で破綻が認定される。しかし，有責配偶者からの離婚請求の場合

には，未成熟子のいない夫婦の場合でも，6年程度以上の別居が必要であり，10年前後でも，他の事情（特に子どもに障害があるような事例）が考慮されて離婚請求が認められないケースもある〈→89頁〉。③は，離婚が成立していないのに，法律上の配偶者の権利を失わせる結果となるため，社会保険庁の遺族年金などに関する事案では，10年程度以上の別居期間が必要とされる。さらに法律上の配偶者への生活費の仕送りなどがあると，婚姻の実態があるとして，法律婚の破綻が認められない傾向が強い〈→145頁〉。したがって，例えば，**ケース3**では，Zは重婚的内縁の妻とは認められないだろう。

条文には規定されていない「婚姻の破綻」が重要な意味を持つだけに，それぞれの局面における認定，法的判断のできる限りの客観化が求められる。

■参考文献
- 吉田欣子「婚姻破綻の原因の認定について」『現代家族法大系2』（有斐閣，1980）207～225頁。
- 井垣康弘・判批・判例タイムズ978号（1998）127～128頁。
- 若林昌子「有責配偶者の離婚請求」『新家族法実務体系①』（新日本法規，2008）455～470頁。

第4講　夫婦財産制と財産分与
―― 財産法の原理と家族法の原理

*第 4 講で考えること

専業主婦家庭で，妻が家事育児を負担して家庭を支えていたり，共稼ぎ家庭だが夫の収入は資産形成に，妻の収入は生活費に使っていたような場合に，夫の収入で購入した夫名義の住居は夫の単独所有なのか，それとも夫婦の共有なのだろうか。離婚の際の夫婦の財産を清算するときに，その対象は夫婦の共有財産に限られるのだろうか。これらの問題について，民法の財産法の規定を適用して解決するのでは，何か不十分なことがあるのだろうか。夫婦財産制と財産分与を素材に，財産法の原理と家族法の原理の違いを検討する。

[1] ケース 4

夫 Y は会社での仕事に全力を注ぎ，早朝 6 時台に出勤し，夜 9 時半過ぎ，時には 11 時以降帰宅する毎日で，朝は妻 X がベッドまで朝食を運び，立っている夫に妻が背広を着せ，靴下をはかせていたような夫婦関係だった。夫は自分は仕事に全力を注ぐから妻は家庭でそれを支えるべきであるとの考え方に基づき，妻にこれに応じた行動を求めていた。こうして Y は会社人間的な生活をし，会社の取締役にまで昇進して定年退職し，潤沢な年金生活をしている。妻は家事の負担などから，椎間板ヘルニアの治療，胃ガンの手術，C 型肝炎に罹患などし，やがて将来を悲観するようになり，息子 K が結婚して独立した後，家庭内別居に至り，ついに娘 H と共に家を出て別居が始まり 2 年経過した。

夫 Y 名義の財産としては，(a) 預金・証券等 (6500 万円)，(b) 退職金 (一時金 600 万円，年額 230 万円を 20 年間受給)，(c) 老齢厚生年金・企業の福祉年金等 (年額 540 万円) がある。これに対して，妻 X 名義の財産は，(d) 亡父の相続で得た土地 (評価額 2000 万円) と，(e) 国民年金基礎年金 (年額 46 万円) である。(f) 自宅 (評価額 4600 万円) は，X と Y の共

有名義である。購入に際し，Xの父が資金の1/2を提供し，残りの1/2はY名義で銀行から融資を受け，Yは婚姻中に返済を完了している。

Xは離婚を考えているので，離婚後の生活のために，財産を確保したい。Xは，夫名義の財産は自分の内助の功に基づいて形成されたのだから，共有だと主張する。一方，民法768条では，財産分与を請求することもできる。慰謝料という言葉もよく聞く。何をどのような根拠に基づいて請求すればよいのだろうか。

[2] 法的論点

> **1** 夫婦別産制の規定（民760）と財産分与の規定（768）はどのような関係にあるのか。
> **2** 財産分与の対象となる財産は何で，どのような割合で分配するのか。
> **3** 離婚後Xが経済的に自立が難しい場合，Yに対して離婚後扶養を請求できるか。
> **4** YにはXに対する暴力や不貞行為もない。それでも離婚による慰謝料を請求できるか。
> （離婚については，第3講参照）

[3] 基礎知識の整理と判例・学説を調べるポイント

財産法の適用　まず**1**について，やや詳しく整理する。財産法を適用すると，自己名義の財産は自己の所有だから，(a)，(b)，(c)はYの，(d)，(e)はXの固有財産であり，(f)はX・Yが各1/2の共有持分がある。計算すると，Yは((a)+(b)+(c))+((f)の1/2)=9400万円+年金770万円，Xは((d)+(e))+((f)の1/2)=4300万円+年金46万円。ただし，Xの4300万円は，Xの父からの贈与+相続である。もし，父が裕福でなく，これらがなければ，Xには年金46万円しかない。

YとXのこの格差は何によって生じたのだろうか。言うまでもなく，「男は仕事，女は家庭」という性別役割分業の下，妻Xが家事労働を，夫Yが会社勤務をしたからである。家事労働は家族が家庭内で行う場合は，無償であり，対外的な収入を生まない。したがって，Xには自己名義の財産は何もないことになる。(f) の購入に当たってYがローンで負担した1/2相当額も，Yが弁済したことにより，1/2の持分はYに帰属する。**ケース4**とは異なり，夫婦共働きの場合でも，保育所の送り迎えや家事を主として妻が担う結果，残業，昇進などで夫がより多くの収入を得ることができ，それが夫固有の財産を増やす。財産法の原理では，多くの場合，無償の家事労働に尽くした妻の労は報われない。

夫婦財産制と財産分与の関係　そこで夫婦の財産関係について，夫婦財産制という制度を考える必要がある。欧米諸国では，夫，妻それぞれの婚姻前の財産と，死別や離婚など婚姻解消時の財産を比べ，増えた分について，夫婦平等の見地から，それぞれ1/2ずつ夫，妻に分配する方法を導入している。1種の組合のようなものである。これに対して，日本の夫婦財産制は，夫婦財産契約を結ばない限り，法定の制度として夫婦別産制（民762）が適用される。夫婦の一方が婚姻前から有する財産及び婚姻中自己の名で得た財産は，その特有財産とするのだから，財産法の適用と変わらない。夫も妻も職業を持って働き，自分で稼ぎ，婚姻生活に必要な費用を対等に負担し，無償の家事労働も対等に負担するといった理想像を前提とする。しかし，現実は違う。1947年の民法改正当時，衆議院司法委員会で，次のような議論がなされた。

　　榊原千代委員「夫婦共同生活をしております間に，自己の名で得た財産は，その人の特有財産になるという規定でございますが，そういたしますと，夫婦の一方の妻の家庭における労働は，ほんとに単なる消費的な労働としてしか認められないものでありましょうか。私ども婦人の立場から申しますと，それによって夫の生産活動ができ得るものであって，それは生産に繋がっていることだと解釈するのでございますけれども，その点もう一度お伺いいたしたいと思います。」

　　奥野健一政府委員「夫婦の共同生活においては，妻の内助の功ということが，やはり夫の財産をつくる上の重大なる原因を与えておることは，い

なみがたいことでありまして，そういう意味において，夫婦の間の財産は，二人の協力によってできたものであるという建前から，もしこれが夫婦わかれとなる場合には，財産の分与によって，ある一種の財産の分割というようなことを認めていこう，また夫が死亡した場合には，妻が必ず相続人になって，その三分の一の相続に与ることによりまして，やはり夫の財産も，一種の妻の協力によってできておるという趣旨を現しておるわけであります。」

明治民法では，離婚の際の財産分与も，配偶者相続権も規定されていなかった。現行民法で設けられたのだが，その趣旨は上記のとおりであり（配偶者の相続分が 1/2 に増額されたのは，1980 年の法改正による），財産分与と配偶者相続権は，妻の家事労働を評価して夫婦財産を清算する意義を有していた。

夫婦別産制に関する重要な最高裁判例が 2 つある。1 つは，民法 762 条が妻の協力を夫婦の財産関係に反映させないことを，夫婦の平等原則（憲24）に違反するとして争った事案である。最高裁は，夫婦平等は，個々の財産について常に平等が達成されていなくても，婚姻関係全体で実現されればよく，妻の協力は，配偶者相続権，財産分与，扶養請求権で報いられているとした（最大判昭 36［1961］・9・6 民集 15・8・2047）〈→61 頁〉。もう 1 つは，夫が自分の所得から土地を購入し，妻名義にした事案で，名義を妻にしただけでは，妻の固有財産にはならないとした判決である（最判昭 34［1959］・7・14 民集 13・7・1023）〈→62 頁〉。

以上の立法趣旨及び判例からは，夫名義の財産は夫固有の財産となり，妻は内助の功を理由に，何ら財産権を主張することができず，夫が，妻の寄与貢献があったから土地を購入できたことから，妻の共有持分があると考え妻との共有登記にしても，対価を拠出していない以上，妻に 1/2 の共有持分が認めらないことになる。よって生ずる不合理は，すべて離婚の際の財産分与で対応するのである。

財産分与の内容　❷ したがって，婚姻後に夫婦の協力によって形成された財産は，単独所有か共有かを問わず，名義の如何を問わず，財産分与の対象財産となり，夫婦平等の見地から，原則 1/2 の割合で，分配されることになる〈→101 頁〉。

❸ 判例・通説によれば，財産分与の要素は，以下の 3 つである。
(1) 夫婦財産の清算，(2) 離婚後の扶養（援助），(3) 損害賠償
(1) によっても，配偶者の一方が離婚後，経済的に自立できない場合には，他方に余力がある限り，経済的援助を継続する義務があると考え，これを財産分与として命ずることができる〈→101 頁〉。婚姻からは，こうした重い責任が生じる。

❹ 離婚によって生じる財産的な不利益は，(1)・(2) によって解決されるので，損害賠償は精神的損害，つまり慰謝料になる。請求の根拠は不法行為であり，便宜上，財産分与として清算，扶養と合わせて請求することができるのにとどまるから（最判昭 46[1971]・7・23 民集 25・5・805），配偶者の一方に婚姻破綻について有責行為（故意・過失，違法性）があることが前提となる。**ケース 4** の場合，妻が慰謝料を請求する背景には，夫には妻に対する労りの気持ちがなかったことへの批判があるのかもしれない。

これまで判例では，清算や扶養で不足する部分を慰謝料で補充するために，比較的緩やかに有責性を認めてきたが，近時は，有責性を巡って夫と妻の対立が激化することを避けるために，できるだけ清算と扶養で夫婦間の公平を図ろうとする傾向にある。ところで，個々の有責行為はそれ自体が不法行為を成立させるものであり，概念としては，離婚による慰謝料と区別することができるが，判例は区別せず一括して対処することが多い（例外は DV の事案）〈→104 頁〉。

[4] ケースの解決

財産分与は，婚姻後に夫婦の協力によって形成された財産を清算することなのだから，婚姻中に獲得した財産でも，一方が贈与や相続などで得た財産は対象にならない。したがって，(**f**) 自宅の内，妻の共有持分 1/2 と，(**d**) 亡父の相続で得た土地は対象ではなく，妻固有の財産である（財産を維持する上で，他方の顕著な協力があれば，対象になることもある）。

次に年金の内，公的年金（厚生年金，公務員の共済年金等。企業の福祉年金，生命保険契約に基づく年金など私的年金を除く）については，2007 年 4 月以

降，年金分割制度が創設され，財産分与とは別に処理される〈→100頁〉。婚姻中に勤務していた間に納めた保険料を分割する仕組みであり，審判例では，分割割合は，原則1/2である。受給している年金額の1/2になるのではないことに注意。

したがって，清算の対象になるのは，夫Y名義の，(**a**) 預金・証券等（6500万円），(**b**) 退職金（一時金600万円，年額230万円を20年間受給），(**f**) 自宅（評価額4600万円）のYの共有持分である2300万円分（ローンの返済には妻の協力があったから）。清算割合は，原則1/2だが，Yの財産形成がYの特別な能力によるものである場合には，3割とか4割とかに清算割合が修正されることがある。**ケース4**ではYの特別な能力とは関係がないので，1/2で清算すべきである。そうすると，(**a**)（6500万円）+ (**b**) の内の一時金600万円 + (**f**) 2300万円 = 9400万円 × 1/2 = 4750万円が，YがXに清算すべき財産分与額となる。YはXに金銭で支払ってもよいし，自宅の共有持分を渡し，残額を金銭で支払ってもよい。Yが自宅を確保したいと思えば，前者の方法で協議することになる。なお (**b**) の退職年金230万円については，その1/2を毎年，YからXに支払うという方法，一括払いにする方法，年金ではなく一時金支給に改めて分割する方法がある。離婚した夫婦間で定期的な給付を確保するには，事実上困難を極める。定期払いではない方法を協議することになる。

妻Xは，自己の国民年金＋分割された保険料納付分に対応した厚生年金，上記 (**a**)・(**b**)・(**f**) の清算，亡父から相続した土地で，経済的に自立できるのであれば，離婚後扶養は必要ない。夫Yの暴力や不貞など明白な有責行為が存在しないのだから，離婚慰謝料も請求できない。

[5] 課 題

ケース4の元になった横浜地相模原支判平11[1999]・7・30判時1708・142では，Yの退職金について，年金として受給する方式を途中解約して払い戻される金額を対象にし，清算対象を自宅の共有持分1/2＋預金・証券等＋退職金＝約1億円と計算し，清算割合を4割とし，財産分与額

を 4000 万円とした。その上で自宅の 1/2 の共有持分をすでに X が有していることから、残り 1/2 を X に分与するのが相当とした。さらに当時は年金分割制度がなかったので、扶養的財産分与として Y の受領する年金額と X のそれとの差額の 4 割相当、月額 16 万円を X 死亡まで支払わせること、また慰謝料 200 万円も認めた。Y は自宅を出て、住居を確保する必要がある。毎月 16 万円を X に支払わなければならない。かつ 1700 万円（財産分与額から（f）の 1/2 に当たる 2300 万円を控除した額）＋慰謝料 200 万円を一括して払わなくてはならない。

　控訴審（東京高判平 13［2001］・1・18 判タ 1060・240。離婚請求を棄却した〈→ 84 頁〉。そのため財産分与も失効した）の解説では、「財産分与などにより妻の立場を保護すればするほど、会社人間といわれるほど仕事に一生を捧げた夫の老後が、無惨なものになりかねない」とし、高齢者の離婚について慎重な判断をすべきとする（判タ 1060・241）。また「この家庭の崩壊は、被告のせいでも、原告のせいでもない。あの時代（高度経済成長期の性別役割分業の徹底化：二宮注）がそうさせたのである。高齢者の離婚事件を扱う場合、その中には少なからず右の意味における『時代の犠牲者』が含まれていることに留意しなければならない」との論評もある（浦本寛雄「高齢者の離婚」判タ 1100［2002］・21～22）。

　しかし、離婚を否定し、夫の財産を確保することによって妻が被る無惨（愛情と信頼を喪失した夫と死ぬまで婚姻を継続すること）はどう評価するのだろう。離婚は夫婦の信頼と愛情の喪失＝破綻を原因とすべきもの、財産分与は夫婦財産の清算を行うもの、それぞれ制度趣旨に則った解決をすることが重要であり、論者の価値観を反映させるべきではないように思う。この点では財産法の原理と同様である。

■参考文献
- 有地亨「夫婦の特有財産・共有財産」判例タイムズ 747 号（1991）63～64 頁。
- 沼田幸雄「財産分与の対象と基準」『新家族法実務体系①』（新日本法規、2008）484～508 頁。
- 二宮周平・榊原富士子『離婚判例ガイド［第 3 版］』（有斐閣、2014 年刊行予定）。

第5講　離婚後の子への配慮
——子どものいる夫婦の問題解決の手法
（家事紛争の特性）

＊第5講で考えること
未成年の子のいる夫婦が離婚する場合，子の親権者を定めるだけではなく，離婚後の親子の面会交流，養育費の分担，子の引渡しなどが問題になる。いずれも当事者が子のために協力し任意に履行して初めて子も安心することができる。強制履行方法の問題点を認識し，当事者の合意形成と任意の履行を促す仕組みを考える。

[1] ケース5

調停合意に至るまでの経過　X男と女Yは1986年10月，婚姻し，1992年11月，男子Aが出生した。Xは医師の資格を有し，現在，甲市の保健課長として勤務し，兵庫県尼崎市に居住している。Yも医師であり，1994年9月頃，Yが亡父が開業した医院（兵庫県佐用郡）を継ぐため，Xと別居することになった。しかし，Xはほぼ毎週金曜日の夜にY宅を訪ねて1泊し，翌土曜日にX・Y・A3人でX宅へ行って1泊し，翌日曜日にYがAを連れて帰宅するという形で，夫婦および親子の交流を続けた。

約5年半後，Xに，やや鬱の傾向が出始めた。仕事や母親の介護のことで悩み，一人暮らしの淋しさも加わり，ストレスが蓄積した。糖尿病も2000年6月頃から悪化したため，年末まで生き長らえないのではないかと悲観的になっていった。他方，Yも更年期を迎え，同年11月頃から情緒不安定な言動が目立ち始めた。12月頃には，XとAの交流を泣いて拒んだり，X宅に「来たら警察を呼ぶ」などの内容のファックスを送りつけるなどした。

2001年1月11日，Yは家庭裁判所にAの監護者をYと指定する申立てを行い，同月15日には，Xとの離婚を求めて夫婦関係調整の申

立ても行った。

調停合意　同年 3 月 14 日，A の監護および「面接交渉」（当時は面接交渉と表現されていた）につき調停が成立したが，夫婦関係調整の方は不成立となった。成立した調停条項は下記のとおりである。
「1. 当分の間，Y 方で Y が A を監護養育する。

2. Y は X が A と毎月少なくとも 2 回面接することを認める。具体的な面接方法は以下のとおりとする。

（1）面接は，毎月第 2 土曜日からその翌日の日曜日，及び第 4 土曜日からその翌日の日曜日に行う。

（2）X は，第 2 土曜日，第 4 土曜日の午前 9 時から午前 10 時頃までの間に Y の住所において，Y から A を引き取り，Y は，翌日の日曜日の午後 5 時台（大阪発の時間）の特急（スーパー白兎号）に乗ることができるような時間帯に，X から A を引き取る。

（3）X と A とが面接交渉するにつき，その日時，場所，方法等で都合が悪い場合には，A の意思を尊重し，かつ，その福祉を慎重に配慮して，その都度，当事者双方が事前に協議の上，前項の日時等を変更する。

3. A が前項の他にも X との面接を希望する場合などには，その意思を尊重し，当事者双方が協議の上，適宜，面接回数を増やすなどする。」

面会交流実現の困難　こうして，3 月 17 日と 31 日，A が X 宅に 1 泊する形で親子の交流が実施された。しかし，4 月 14 日，3 回目の X 方への訪問直前，A が面接を嫌がったため，Y は面接を実施しなかった。後述の受差戻審で判明したことだが，第 1 回目の面接交渉の時に，X が A にメモ用紙に Y 宛の手紙として「あまがさきでパパママサンド（当事者家族内では，「同居」を意味する）をしますか」，「ぼくはパパがかわいそうなのであまがさきのしょう学校へ行くかいかないか考えて下さい」と書かせたり，X と A の二人きりになると会話が弾まなかったりした事情があった。5 月，Y は X に対して離婚訴訟を提起した。6 月，X の母の告別式に Y は A を連れて参列し，久々に X は A と会うことができた。8 月 25 日，X は Y 方を訪問したが，Y が警察官を呼ぶ騒ぎになり，X は A と会うことができなかった。

第5講　離婚後の子への配慮──子どものいる夫婦の問題解決の手法（家事紛争の特性）　31

　上記調停条項が遵守されないことから，11 月 2 日，X は家庭裁判所に対して，本件調停条項に基づく「面接」につき，履行勧告を申し出た。同時に X は，Y 宛に「今後毎週土曜日に A を迎えに行きます。誰もいない場合には，A の生存確認のため，警察の立ち会いの元に住居に入ります。家の者が居て A がいない場合は，誘拐されたとして警察に通報します」などの内容の FAX を送信した。家裁調査官は Y に対し履行勧告をしたが，Y は応じなかったため，11 月 26 日，履行勧告は終了した。
　12 月 5 日，X は本件面接条項に基づく間接強制を求める申立てを行った。翌日，X は A 宛ての形で「A がママにやさしくしなさい。ママは病気のようです。そうしないとママの病気が悪くなります。ママが病気で入院したら，A はどうしますか？　よく考えておいて下さい。婚約不履行 7 年間に渡る同居義務違反　病気の配偶者の扶養義務　佐用○○町は尼崎より通勤可能です　有責配偶者からの訴訟　これから毎日のように A に連絡します」などの内容の FAX を 3 回送信した。さらに X は家庭裁判所に対し，A の監護者を X に変更することを求める審判を申し立てた。このような膠着状態の中で，X と A の面会交流を実現することができるだろうか。

[2] 法的論点

> ❶　面会交流とは何か，法的根拠は何か。
> ❷　面会交流は誰の権利であり，誰の義務なのか。
> ❸　面会交流の合意内容を実現する方法は何か。

[3] 基礎知識の整理と判例・学説を調べるポイント

　面会交流とは　　❸　X と A の面会交流を実現する方法を検討する前提として，❶・❷の論点がある。
　❶について。面会交流とは，親権者・監護者ではないため，子を現実に

監護教育できていない親（別居親）とその子が会ったり、手紙・メール・携帯電話などで交流することをいう〈→122 頁〉。2011 年 6 月、民法 766 条第 1 項が「父母が協議上の離婚をするときは、子の監護をすべき者、父又は母と子の面会及びその他の交流、子の監護に要する費用の分担その他の子の監護について必要な事項は、協議で定める。この場合においては、子の利益を最も優先して考慮しなければならない」と改正された（2012 年 4 月施行）。1970 年代から積み重ねられた家裁の実務を条文化し、法的根拠を明確にしたものだが、欧米各国や韓国のように、面会交流が子の権利であることは明記されなかった。

そこで❷の論点が出てくる。判例・通説は、子育てにかかわる親の権利および義務であると同時に、親の養育を受ける子の権利でもあるとし、両者の利益が対立する場合には、子の利益を第一に考える。面会交流に消極的なのは、離婚した配偶者への感情的な反発と、子どもへの影響を危惧する同居親とは限らない。別居親やそれぞれの親族に対しても、子の福祉の立場から面会交流を働きかけていく 1 つの方法として、子の権利として捉える意義がある。また同居親や子の立場を配慮せず、非妥協的に面会交流を主張する別居親に対しては、面会交流が子の監護を適切に行うためのものであることを認識させるために、他方、別居親や子の立場を配慮せず、かたくなに面会交流を拒否する同居親に対しては、子の成長には、別居親との交流が欠かせないことを理解させ、面会交流をさせることが監護親の義務であることを認識させるためには、面会交流の義務性を指摘する必要もある〈→124 頁〉。

履行の強制方法　❸ 履行の強制方法については、ケース 5 で X が申し出たように、(**a**) 家庭裁判所から義務者に対する義務の履行勧告（家事 289 I）、(**b**) 間接強制の他、(**c**) 再調停、(**d**) 義務者に妨害避止義務を課す、(**e**) 不履行に対する損害賠償請求などがある。(**a**) については、義務の履行状況の調査が可能となり、調査官に社会福祉機関との連携その他の措置をとらせることができるようになったので（同条Ⅳ）、ケース 5 の当時よりは勧告の実効性があがるかもしれない。しかし、この中で最も効果的なのは (**b**) 間接強制である。ただし、間接強制決定をすることが

できるためには，給付内容が特定されていなければならない。最決平 25 [2013]・3・28 判時 2191・39，46 では，(1) 面会交流の日時又は頻度，(2) 各回の面会交流時間の長さ，(3) 子の引渡し方法等を具体的に定めるなど監護親（同居親）がすべき給付の特定に欠けるところがないといえる場合であると明示した。

[4] ケースの解決

間接強制を決定できる要件　[3]で紹介した最高裁決定に従えば，少なくとも (1)〜(3) の点について，給付内容が特定していれば，間接強制決定ができる。ケース 5 ではこの点ですべて特定されているので，問題はない。ただし，ケース 5 の元となった事案で，大阪高裁は，「家庭裁判所の調停又は審判によって，面接交渉権の行使方法が具体的に定められたのに，面接交渉義務を負う者が，正当の理由がないのに義務を履行しない場合には，面接交渉権を行使できる者は，特別の事情のない限り，間接強制により，権利の実現を図ることができるというべきである」とする（大阪高決平 14[2002]・1・15 家月 56・2・142）。単に給付内容が特定されていればよいというほど，面会交流の問題は単純ではない。したがって，上記の正当な理由や特別の事情の有無を審理する必要がある。

受差戻審　差戻しを受けた神戸家裁では，これらを審理した上で，義務者に義務を履行しない正当な理由はなく，権利者に行使が認められるべきでない特別の事情はないとした上で，Y は調停条項記載のとおり，X を A と毎月少なくとも 2 回面接させなければならないとし，Y が開業医として相当額の収入を得ていることを考慮して，Y が前記の義務を履行しないときは，Y は X に対し，不履行 1 回につき 20 万円の割合による金員を支払え，との決定を下した（神戸家決平 14[2002]・8・12 家月 56・2・147）。しかし，Y は不服で再度抗告し敗訴したため（再執行抗告審・大阪高決平 15[2003]・3・25 家月 56・2・158），許可抗告したが，許可抗告審でも棄却された（最決平 15[2003]・8・6 家月 56・2・160）。

間接強制は確定したが，X が A と面会交流できたか，その結果は不明

である。実務家の経験からは，実効性のみならず，事件の解決としても望ましくないものであることが推測できるとする（岡部喜代子「養育費・面接交渉の強制執行」家族〈社会と法〉26（2010）・63）。膠着状態になる前に，父母が別居・離婚後の親子の交流について協力関係を築くためにはどうすればよいのだろうか。

　要因分析　これを検討するには，ケース 5 で面会交流が実現されなかった要因を分析する必要がある。私見によれば下記が考えられる。

　①　X・Y が精神的に不安定になった時に，気軽に相談してストレスを軽減できるカウンセリングが日本社会にはまだまだ定着していないこと。

　②　調停の場で当事者が合意してしまうと，本当にうまく実施できるのか事前に試してみないまま調停条項が作成されてしまうこと。1 回でも試行面会を行い，調査官が同行し，X と A の交流の実際を観察していれば，A に手紙を書かせたりしてはいけない，Y や A が不安になるような FAX をしてはいけないなどのアドバイスができた可能性がある。

　③　ケース 5 では，面会交流の当事者である子 A の気持ちや思いを父母が顧みる機会がなかったこと。前述の受差戻審において，初めて家裁調査官が A に対して心理テストおよび観察，聴取などを行ってみると，A は X を拒否する，あるいは嫌悪するといった感情や X に拒否されているとの感情を有しておらず，逆に X にもっと構ってほしいという気持ちを有していたことがわかった。このことが X・Y に伝わっていれば，X・Y の行動は変わった可能性がある。これらの面会交流を妨げる要因を減らすことが，面会交流実現への有効な手立てである。

[5] 課　題

　要因②・③は現行法の下でも，家庭裁判所の運用によって改善できることである。現在，家庭裁判所では，面会交流に関するパンフレットの配布，夫婦関係調整や子の監護に関する調停申立てがあった場合には，当事者助言用 DVD「子どものある夫婦が離れてくらすとき考えなければならないこと」等を見てもらうことなどを実施している。父母の対立がかなり強い

場合には，家裁調査官が子の気持ちを聞き取り，調停や審判の過程で父母に子の気持ちを認識してもらうよう働きかけを行っている。2013年4月から施行された家事事件手続法では，家事調停・審判において，子の陳述の聴取，調査官による調査その他の適切な方法により，子の意思を把握するように努め，調停・審判をするに当たり，子の年齢及び発達の程度に応じて，その意思を考慮しなければならないとする（家事65，258）。**ケース 5** の場合，今であれば，②・③が実施されていたかもしれない。

また 2012 年 4 月から，協議離婚届書の標準様式に，面会交流や養育費の取り決めをしたか否かをチェックする欄が設けられた。その内容まで記す欄はなく，単に取り決めの有無だけのチェックではあるが，2012 年 4 月から 2013 年 3 月までの統計では，未成年の子のいる夫婦の 55.4％が，面会交流の取り決めありとチェックしている。実際に実現できているかは不明だが，少なくとも離婚する父母が面会交流の必要性を認識する上では，一定の意味はある。面会交流に合意して履行している過程でも，子は成長し，父母の関係性も変わる。**ケース 5** でも 3 回目からうまく行かなくなった。こうした場合に，当事者をサポートするシステムも不可欠である。現在は，FPIC（家庭問題情報センター）や Vi プロジェクトなどいくつかの民間団体が，子の受け渡し，面会交流の立会いなどを行っているが，安全な面会の場所の確保も含めて公的な支援が不可欠である。

面会交流の実現は子の視点から実施されるべきであり，親権を巡る父母の対立を沈静化させるためにも，離婚後の父母の共同親権（責任）を原則とし，単独親権者となった方が子を独占できるかのような思い込みをなくす必要がある。離婚後父母がいかに親子関係を築いていくのかという視点から問題を解決することのできる仕組みを作ることが最大の課題である。

■参考文献
- NPO 法人 Wink 編『離婚家庭の子どもの気持ち』（日本加除出版，2008）。
- 小特集「離婚後の面会交流——問題の多様性と望まれる法システム」法律時報 85 巻 4 号（2013）55〜69 頁。
- 棚村政行編『面会交流と養育費の実務と展望——子どもの幸せのために』（日本加除出版，2013）。

第6講　親子関係の成立と否定
——判例の射程と子の福祉を守る視点からの解釈論

＊第6講で考えること
嫡出推定を争うことができるのは，夫だけ，しかも子の出生を知って1年以内，嫡出否認の訴えという方法のみである。この厳格さを判例・学説は解釈によって緩和してきた。親子関係の成立と否定に関する判例を整理し，子の福祉を守る視点から，判例の射程を検討する。

[1] ケース6

A女とY男は婚姻したが，勤務の事情から，Yが単身赴任する形で婚姻共同生活を開始した。Yは月に何度か自宅に戻っていたが，勤務の関係で，1年数か月，同居することができた時期もある。婚姻から約5年後，AはXを出産した。AはYの単身赴任先にXの様子を知らせるメールを送信したり，AとYは，お宮参りや保育園の行事等に夫婦として参加したりしていた。しかし，Xの誕生から約2年後，Yは，AとZ男の交際を知った。AはYに離婚を求めたが，Yが応じなかったため，数か月後，AはXを連れて別居し，Zと同居生活を送っている。XはYに対して親子関係不存在確認の調停を申し立てたが，不成立となり，親子関係不存在の訴えを提起した（Aが親権者として法定代理をし，利益相反のおそれがあるため，Mが特別代理人に選任されている）。

[2] 法的論点

❶　嫡出否認権者でない者が，嫡出否認の出訴期間経過後に，嫡出父子関係を争うことができるのか。

❷ 判例は「772条の推定を受けない嫡出子」について外観説をとるとされているが，外観説を適用すると，ケース6はどのような解決になるのか。
❸ 外観説の適用範囲を限定する解釈は可能か。

[3] 基礎知識の整理と判例・学説を調べるポイント

「推定の及ばない子」と外観説　まず❶について。民法772条と774〜777条の関係を整理する。772条は法律上の父子関係を推定するが，推定を争うことができる者，期間，方法を限定することによって，嫡出子の父を早期に確定し，その法的地位を安定化させる役割を果たしている〈→156頁〉。その結果，ケース6では，夫は子の出生を知って1年経過しているため，嫡出否認権を行使することができない。子は母と共に血縁上の父と同居し，親子としての関係を築きつつあるが，子（代理人としての母）は否認権者ではないため，Yとの父子関係を争うことができない。

❷について。判例はこうした嫡出否認制度の厳しさを緩和した。離婚から300日以内に子が出生したが，夫婦の関係は約2年半以前から事実上の離婚状態にあった事案で，最高裁は，当該子は実質的には民法772条による嫡出の推定を受けない嫡出子だから，法律上の父はいない，したがって，子は血縁上の父に対して認知請求ができるとした（【1】最判昭44 [1969]・5・29民集23・6・1064）。その後，最高裁は，法律上の父から子に対する親子関係不存在確認の訴え（【2】最判平10[1998]・8・31家月51・4・33，【4】最判平12[2000]・3・14家月52・9・85）では，いずれも事実上の離婚状態になかったとして，推定を受けない嫡出子とは認めなかった。他方，被相続人の養子から被相続人と戸籍上の実子の間の親子関係不存在確認の訴え（【3】最判平10[1998]・8・31家月51・4・75）では，懐胎期間に夫が出征中だったため，推定を受けない嫡出子であるとして，この法理を確認している。

このように772条の推定を受けない場合を，妻の懐胎期間中の夫の出征，事実上の離婚など懐胎期間中に夫との性交渉がなかったことが，同棲の欠如によって外観上明白な場合に限るので，外観説といわれている〈→

162 頁〉)。なお学説は，判例のいう「民法 772 条の適用を受けない嫡出子」を「推定の及ばない子」という（その理由につき〈→161 頁〉)。

ケース 6 では，夫と妻は懐胎期間中，事実上の離婚状態にはなかったのだから，外観説によれば，親子関係不存在確認の訴えは認められない。なお 772 条の推定を受けない場合に関する学説〈→162 頁〉，例えば，血縁説では X と Y 間に自然血縁関係が存在しないことから，家庭破綻説では訴えを起こした時点で Y と A の婚姻関係は破綻していることから，親子関係不存在確認の訴えは認められる。合意説では，Y と A の間で，X・Y 間に自然血縁関係がないこと，家庭裁判所の審判手続によって解決することに合意があれば，親子関係不存在確認の審判を出すことができる。

判例の射程 ❸について。判例の立場からケース 6 について X の主張を認めようとすれば，判例の適用を制限する解釈をとることになる。その手がかりとして，浦野教授は，「推定の及ばない子」をめぐる判例・学説の検討の中で，誰の利益を図るために，嫡出否認の要件（否認手段，否認権者，否認期間）の緩和を図るかについて，学説に明確な意識が欠けていたのではないかと指摘する（浦野由紀子「『推定の及ばない子』をめぐって（下）」法学教室 309 号（2006）107 頁)。つまり，判例の外観説は誰の利益を図るために導入されたのか，外観説によって親子関係不存在確認の訴えを認める場合と，斥ける場合とで，図られる利益に違いがないかを確認した上で，外観説はどのような場合に適用されるのか，例えば，子の福祉を優先した場合に，外観説は適用されないといった例外を認めることが可能かどうかを検討するのである。

[4] ケースの解決

判例の傾向 上述の最判【1】は，子から血縁上の父に対する認知請求の前提として，婚姻関係が事実上離婚状態にあることを指摘して，嫡出推定の適用がないことを示したもので，法律上の父との親子関係が否定されても，子には認知の訴えにより新たに法律上の父を確保できる点で，子の利益にかなう。最判【3】は，子は出生後すぐに父と思われる男性の養

子になり，法律上の父とは完全に接触が断たれていたという事案で，きょうだいからの親子関係不存在確認請求に権利濫用とみられる事情がないことから，訴えを認めても，子の利益には反しないものだった。これに対して，最判【2】・【4】は，法律上の父から子に対する親子関係不存在確認の訴えであり，外観説に基づいてこれを否定しなければ，子は法律上の父を失ってしまうケースだった。

家庭裁判所の審判例も含めて公表された判例で，親子関係不存在確認の訴えが却下・棄却されたのは，すべて法律上の父から子への訴えであり，子からの主張を斥けたものはない（最判につき，前田・後掲参考文献 61 頁）。未成年の子の場合，親権者母が代理するのだから，子から訴えを起こす場合には，**ケース 6** のように，法律上の父との法的関係を消滅させても母子が困らない事情があることを推測させ，法律上の父から訴えを起こす場合には，母がそれに反対しているという事情があることを推測させる（調停前置主義なので，調停で父子関係の不存在について父母の合意が成立すれば，家庭裁判所で不存在確認の審判をすることができる〈→165 頁。合意に相当する審判，家事 277〉ので，訴訟になったというのは，母が合意しなかったことを意味する）。判例からは，親子関係の存否について，子の利益を優先する姿勢を読みとることができる。

学説 前田教授は，誰の誰に対する訴えで，誰の利益が問題になるかの視点から判例を分析した上で，「嫡出推定制度をあくまでも子の父を確保することに奉仕する制度として機能的に解して，血縁上の父を法律上の父として確保できる場合については，より子の福祉に適した形で父を確保するために推定の制限をする余地はないのか」と問題提起し，外観説を原則として維持しつつも，「例外として，子が，婚姻家庭が破綻している中で，外観説では民法 772 条の推定を排除できない父との父子関係を争っており，かつ，その父子関係を否定することが，血縁上の父を法律上の父として確保する道を開くなど，従前の父子関係を安定させることよりも，明らかに子の福祉に適する，という特別な事情が認められる場合については，外観説を超えた推定の排除を認めることができる（血縁上の父に対する認知請求の場合のほうが認められやすい），という議論はできないだろうか」

とする（前田・後掲参考文献 62〜63 頁）。また石井教授は，法改正によって嫡出否認権を母と子に認めるまでは，母と子からの親子関係不存在確認請求は広く認め，実父との親子関係の確立を可能にするよう解釈すべきとする（石井美智子「実親子関係法の検討——近年の最高裁判決を通して」法律論叢 81 巻 2・3 合併号（2009）89 頁）。

外観説の射程　　最判【4】は，「夫と妻との婚姻関係が終了してその家庭が崩壊しているとの事情があっても，子の身分関係の法的安定を保持する必要が当然になくなるものではないから，右の事情が存在することの一事をもって，嫡出否認の訴えを提起し得る期間の経過後に，親子関係不存在確認の訴えをもって夫と子との間の父子関係の存否を争うことはできないものと解するのが相当である」とする。この判決文からは，子の身分関係の法的安定を保持する必要が当然になくなっている場合において，夫と妻の家庭が崩壊しているときには父子関係の存否を争うことを認める余地が出てくる。前田説と同じ発想を見いだすことができる。したがって，子から父に対する親子関係不存在確認の訴えにおいて，子が血縁上の父による認知または養子縁組などによって，保護者としての法律上の親子関係を新たに形成する可能性が高い場合には，子の身分関係の法的安定を保持する必要が当然になくなっているのだから，例外的に嫡出推定を排除するという解釈も可能である。

また「推定の及ばない子」という解釈の本来の趣旨は，嫡出否認権者と出訴期間の制限を解釈によって緩和することにあり，その実質的な理由は，法律上の父から見れば，血縁関係がないにもかかわらず，子の法的な父として責任を強制されることからの解放である。子から見れば，血縁上の父との間に法律上の親子関係を築くことによる法的保護者の確保と自己の出自のアイデンティティの確保にある。したがって，子から法律上の父に対して親子関係不存在確認の訴えを起こす場合には，子の利益を中心に考え，外観説の適用はなく，嫡出推定を排除することができるものと解する。判例が外観説をとって，親子関係不存在確認の訴えを斥けるのは，法律上の父から子に対する訴えである。それは，子の法的保護者を確保するためであり，その必要性がない場合には，外観説は適用されないと考えるので

ある。

裁判所の判断　ケース6の元になった判決（大阪高判平24[2012]・11・2現時点で未公表・上告中）は，外観説を前提としながら，(1)子Xと戸籍上の父Yの間に生物学的親子関係が存在しないこと，YもXの生物学上の父親がZであること自体を積極的に争っていないこと，(2)XはZの自宅でAやZに育てられ，Zを「お父さん」と呼んで順調に成長していること，(3)特別代理人がこの状況を確認していることから，「Xには民法772条の嫡出推定が及ばない特段の事情があるものと認められる」とする。また嫡出否認制度が法律上の親子関係とその早期安定を一定限度保護しているとしても，そのことから直ちに上記保護の要請が血縁上の親子関係を確認する利益よりも常に優先するとは考えがたいし，本件の場合は，上記のような事情があり，「Xの福祉の観点からも，民法772条の推定を受けないものと解すべきである」ことから，親子関係不存在確認の訴えを認めた。

[5] 課　題

　判例・学説のいう「子の福祉」「子の利益」とは何か。私見では，それは安定的な養育環境の確保である。ケース6では，Yは子との間に血縁関係がないことを知っても，なお法律上の父であることを希望している。3年近い親子としての交流ないし共同生活の事実は重い。しかし，すでに血縁上の父と母と子の共同生活が開始している。子の福祉のためには，血縁関係と法律上の親子関係の一致とともに，新たな養育環境の安定が欠かせない。父の利益と子の利益が対立する場合には，子の利益を優先する，つまり子の福祉の視点から親子関係の成立・否定を考えていくことが課題となる。

　ケース6は，血縁とは異なる法律上の親子関係を消滅させることが子の福祉になる場合だったが，逆に血縁と一致していなくても，法律上の親子関係を認めることが子の福祉になる場合がある。①血縁関係のない子を父が自ら認知した場合（好意認知・不実認知），②自分の子ではないのに嫡出

子として出生届をした場合（虚偽の嫡出子出生届），③「推定の及ばない子」について，戸籍上の親や第三者から親子関係不存在確認請求がなされた場合に，権利濫用法理を用いて訴えを棄却し，長期間継続した親子関係の法的安定性を確保しようとする判例が出てきている（②に関して最判平 18[2006]・7・7 民集 60・6・2307，③に関して上記【3】の福田裁判官の補足意見）。

さらに判例・学説は，④AID（第三者からの精子提供）によって妻が懐胎，出産した子について，民法 772 条を適用し，嫡出否認権の消滅によって父子関係を安定化させている。現在，性同一性障がいで女性から男性へ性別の取扱いを変更した人が女性と婚姻し，AID によって子をもうけた場合に，民法 772 条が適用されるかどうかが争われている（二宮周平「性別の取扱いを変更した人の婚姻と嫡出推定」立命館法学 345・346 号（2013）576～610 頁。なお，東京高決平 24[2012]・12・26 判タ 1388・284，大阪家判平 25[2013]・9・13（未公表）は，戸籍の記載〔性別取扱いの変更をしたことがわかる〕から夫の子でないことが明らかな場合には，772 条は適用されないとする）。

■参考文献
- 前田陽一「民法 772 条をめぐる解釈論・立法論に関する 2, 3 の問題」判タ 1301 号（2009）57～67 頁。
- 「父子関係成立のあり方の検討——嫡出推定・認知制度の見直し」家族〈社会と法〉28 号（2012）12～94 頁（報告），95～123 頁（討論）。
- 二宮周平「子の福祉と嫡出推定——外観説の射程」戸籍時報 692 号（2013）4～17 頁。

第 7 講　親権者の利益相反行為
——子の利益と取引の安全

＊第 7 講で考えること
民法財産法では，法律行為をした当事者とその相手方の利益調整を図る場面が多い。第三者の保護，取引の安全が価値の 1 つとしてあげられる。親子法では，子の利益が何よりも優先される。しかし，子が財産を有する場合には，親権者の代理行為を通じて，子の財産は取引社会に組み込まれる。「子の利益」と「取引の安全」という一見すると相容れない価値理念をどのように調整していけばよいのか，親権者の利益相反行為に関する判例・学説を素材に考える。

[1] ケース 7

夫 A が死亡し，相続人として妻 B，未成年の子 X・C がいる。B らは亡 A の遺産分割，亡 A 所有だった不動産の登記移転手続，その後の財産管理などについて，A の弟 Z の世話になっていた。Z は自己の経営する会社が金融機関 K から 4000 万円の融資を受けるに際して，担保として不動産を提供するよう求められた。

そこで Z は B に，X が A から相続した不動産に抵当権を設定させてほしい旨相談したところ，B は，日頃から Z の世話になっていることから断りきれず，X の法定代理人として，この抵当権設定（物上保証）を承諾した。登記などの手続は Z が代行した。Z は融資を受けた金銭を，友人の経営する会社の運転資金に渡し，その謝礼として 1000 万円を受け取った。金融機関 K の担当者 W は，Z の得た金銭が X や B のために使われるのではないことを知っていた。

X は成人後，自分の不動産に Z の債務のために抵当権が設定されていることを知って驚いた。X は抵当権の設定は無効だと主張できるか。

[2] 法的論点

❶ 利益相反行為とは何か。
❷ 利益相反かどうかの判断基準は何か。
❸ 親権者の不適切な代理行為から子の利益を守るために，どのような解釈が可能か。

[3] 基礎知識の整理と判例・学説を調べるポイント

親権規定の理解　❶以下の検討の前に，未成年者の行為能力と親権に関する民法の構造を確認する。未成年者が法律行為をするには。その法定代理人の同意を得なければならない（民5Ⅰ）。法定代理人は親権者または後見人である。誰が親権者になるかは，民法 818～819 条，親権の効力については，民法 820～833 条，不適切な親権行使に対する規制については，民法 834～837 条，親権者がいない場合の後見については民法 838 条以下が規定する。親権とは何か，誰の誰に対する権利であり，義務であるのかなどの総論的な規定は存在しない。親権の内容は，(1) 身上監護＝監護及び教育の権利義務（民820），これに付随する居所の指定（民821），懲戒（民822）と，(2) 財産管理＝職業の許可（民823），財産の管理及び代表（民824），これに関連する利益相反行為（民826），財産管理に関する規定（民827～832）から成る。

管理には財産の処分も含まれるとされているので，子の名義の財産を売却したり，子の名義で借金することもできる。代表とは，親権者が子の財産的地位を全面的に代行することであり，法理の上では法定代理を意味する。こうした財産の管理及び子の代表をするに際しては，自己のためにするのと同一の注意をしなければならないが（民837），監護及び教育に関する規定が，「子の利益のために子の監護及び教育をする権利を有し，義務を負う」としていることから（民820，2011 年法改正で「子の利益のために」が挿入された），同様に子の利益のために管理し代表しなければらない〈→

216 頁〉。財産の売却や借金も子の利益のためでなければならない。

利益相反行為とは　　まず❶について。①親権者である父または母と子の利益が相反する行為，②親権者が複数の子に対して親権を行う場合において，子相互の間で利益が相反する行為については，家庭裁判所によって選任された特別代理人が代理する（民826）。具体例について〈→217 頁〉。利益相反行為に該当するのに，特別代理人を選任しないでなした親権者の代理行為は，無権代理として無効になる。これによって，未成年者の財産を守る。

利益相反行為の判断基準　　❷について。利益相反かどうかの判断基準に関して，大別すると 2 つの学説がある。(a) 法律行為の外形から判断する外形説，(b) 法律行為の動機，目的，結果等一切の事情を考慮して判断する実質説であり，(a) は取引の相手方に有利，(b) は子に有利になる。

判例は (a) であり，例えば，親権者が子を代理して子の所有する不動産を第三者の債務の担保に提供する行為（抵当権の設定等）は，直接親権者の利益を図るものではないから利益相反行為にはあたらない（最判平 4 [1992]・12・10 民集 46・9・2727）。その結果，第三者が債務を履行しない場合，子の不動産が競売や任意売却によって処分され，子に不利益が及ぶおそれもある。

(b) であれば，第三者の債務の担保に提供する行為について，その動機，目的，結果など一切の事情を考慮して，子の利益に反すれば，利益相反行為になる。しかし，抵当権設定を受けた債権者は，内部の事情がわからないまま，後日，一切の事情を考慮して利益相反行為とされ，特別代理人が選任されていないので親権者の代理行為は無効とされると，抵当権設定は無効となり，不測の不利益を被る。

取引の安全か，子の利益か，どちらの理念を優先させるのかによって，(a)・(b) のどちらを支持するのかが決まる。

子の利益を守る解釈　　(b) の実質説であれば，子の利益を守れるのだが，判例は (a) の外形説である。しかし，判例も子の利益を守る解釈をとっている。それは，外形説から利益相反行為には当たらない→特別代理

人の選任不要→親権者の代理行為は有効→しかし，代理権の濫用に当たる場合には，心裡留保の規定（民93ただし書）を類推適用し，法律行為の相手方が濫用の事実を知りまたは知ることができたときには，その行為の効果は子に及ばない，という論理である（前掲最判平4・12・10）。問題は，どのような場合が代理権濫用とされるのか，濫用に当たるとして，どのような場合が「濫用の事実を知りまたは知ることができたとき」に当たるのかである。

前掲最判は，**ケース7**の元になった事案において，「子の利益を無視して自己又は第三者の利益を図ることのみを目的としてされるなど，親権者に子を代理する権限を授与した法の趣旨に著しく反すると認められる特段の事情が存しない限り」，親権者の代理権濫用には当たらないとする。かなり厳格な基準であり，代理権濫用とされる場合が限られる。このハードルを超えても，次は法律行為の相手方の悪意または過失を証明しなければならない。こうした論理で子の利益を守ることができるかどうか，検討を要する。

[4] ケースの解決

利益相反行為かどうか　　まず，母BがX成年者Xの法定代理人として，Xの叔父Zの債務の担保として抵当権を設定した行為（物上保証）が利益相反行為に当たるかどうかを検討する。判例は，外形説であり，子Xと第三者である叔父Zの間には利益の対立があっても，親権者Bと子Xの間に外形的な利益の対立はないことから，利益相反行為には当たらないことになる。したがって，特別代理人の選任は不要であり，Bの代理行為は有効である。

代理権濫用かどうか　　次にBの代理行為は代理権濫用に当たるかどうかを検討する。通常，代理権濫用の判断は，当該行為における親権者の意図・動機，取引の経験・知識，対価の使途，親子の生活関係，相反する利益・不利益の程度及び塡補の有無，未成年者本人の意思，相手方の認識ないし関与の度合いといった要素を考慮に入れる（辻・後掲参考文献17頁）。

しかし，[3] で述べたように，判例は，「子の利益を無視して自己又は第三者の利益を図ることのみを目的としてされるなど，親権者に子を代理する権限を授与した法の趣旨に著しく反すると認められる特段の事情」があるかどうかで判断する。**ケース 7** では，親権者 B は，日頃世話になっている叔父 Z から頼まれて断り切れなかっただけで，自己の利益を図る意図はない。むしろ第三者である Z が自己の利益を図ることのみを目的としていたかどうかが問題になる。

　X の不動産に抵当権設定をしたことによって，Z は自己の経営する会社が金融機関から 4000 万円の融資を受けることができた。Z が事業資金を得て会社の経営を立て直したり，拡大して利益を得ることは，日頃からめんどうをみてもらっている X にとっても利益になると言えないこともない。

　しかし，**ケース 7** では，Z は融資を受けた金銭を，友人の経営する会社の運転資金として渡し，その謝礼として 1000 万円を受け取っている。事業資金は名目で，実は友人の会社に融通するためであり，かつ見返りをもらっていること，さらに 4000 万円という高額な債務の担保のために抵当権を設定したことから，子の利益を無視して第三者の利益を図ることのみを目的としてなされた行為といえる。B 自身は，Z の事業のためではなく，友人への融通と見返り謝礼のためであることを認識していなかったとしても，B の抵当権設定行為は，上述の基準から代理権濫用に当たると判断することができる。

　相手方の認識　　ここで相手方が濫用の事実を知り，または知ることができかどうかを検討する。金融機関 K の担当者 W は，Z の得た金銭が X や B のために使われるのではないことを知っていたが，それだけで，B の行為が代理権濫用であることを知っていたといえるかどうか。上述のように，友人への融通と見返り謝礼のためであることが代理権濫用と判断された重要な要素であるとすれば，W がそのことを知っているか，知ることができた場合にのみ，代理権濫用として，民法 93 条ただし書を適用し抵当権設定行為を無効とすることができる。一般的に 4000 万円もの高額の融資をする場合には，債務者（ここでは Z）の借入目的や債務者の

資力等を調査すべきであり，事業資金に使うという Z の言葉を信頼しただけであれば，金融機関の担当者の専門性から見て過失があるといえるのではないだろうか。

[5] 課　題

　前掲最判平 4・12・10 は，代理権濫用を認め抵当権設定行為を無効とした原審判決を破棄し，原審に差戻した。代理権濫用に該当しうる事実の存在，相手方の悪意または有過失にあたる事実の存在を再審理することになった。濫用の基準も，相手方の悪意・過失の判断基準も厳しいことが予想される。

　他方，利益相反行為に当たるとして特別代理人が選任されても，特別代理人が親権者の意向を受けて，子の利益を無視して親権者または第三者の利益を図ることのみを目的として代理行為を行うことも考えられる。代理権濫用法理は，特別代理人の場合にも適用できるものである。

　学説には，利益相反に当たるかどうかは，特別代理人選任のために必要な要件にとどまり，利益相反と代理行為の有効性の問題とは切り離し，親権者および特別代理人の代理行為については，すべて代理権濫用の問題として処理すべきとする説がある（辻・後掲参考文献 17 頁）。この説によれば，子の利益に反する代理行為は，取引の相手方がその事実を認識しうる限り，代理権濫用として無効とすることができる。逆に親権者の代理行為が外形的には利益相反でも，使途から見て子の利益が保障される場合には，実質的判断をして有効とすることができる。特別代理人を選任していなくても，親権者にはもともと代理権があるのだから，濫用でない限り，有効な代理行為となるからである。

　図示すると次のようになる。

```
利益相反かどうか　→否定　　　　　　→親権者の代理行為　　　┐
（形式基準による）                                        │　代理権濫用
　　　　　　　　　→肯定→特別代理人選任→特別代理人の代理行為 ├　かどうか
　　　　　　　　　→肯定→選任申立てせず→親権者の代理行為　　┘
　　　　　　　　　　　　　　　　　　　　　　　　　（実質基準による）
```

[3]で紹介した実質説との違いを説明する。実質説は，利益相反行為かどうかを判断する際に，法律行為の動機，目的，結果等一切の事情を考慮して判断するため，取引の相手方は，外部からは知り得ない事情によって，後日，利益相反行為に当たると判断されると，特別代理人を選任していないため，親権者の代理行為は無権代理として無効となる。その結果，取引の安全は害される。第三者は親権者の代理行為については，リスクが大きく，取引に応じなくなるおそれも出てくる。

　上記辻説では，利益相反かどうかの判断は，外形説によるので，相手方も特別代理人の必要性を認識することができる。法律行為の外形からは利益相反行為に当たるので特別代理人の選任が必要であるにもかかわらず，選任しないで親権者が代理行為をする場合には，その目的や使途を親権者に確認することができる。そして親権者の代理行為が子の利益を保障する場合には有効な代理行為となるのだから，相手方が不測の不利益を被るおそれは少ない。また親権者，特別代理人の代理行為すべてについて，[4]で述べた要素から代理権濫用かどうかを審査することになる。代理行為が子の利益に反する場合には，代理権濫用に当たるとされるが，民法 93 条ただし書の類推適用なので，相手方の悪意・過失が適用の要件であり，代理権濫用の事実を相手方が知らなかった場合，知らなかったことに過失がない場合には，有効な代理行為となるので，実質説のようなリスクを避けることができる。とても魅力的な学説なのだが，通説にはなっていない。みなさんはどう思いますか。

■ **参考文献**
- 阿部徹「親子間の利益相反行為 (1) (2)」民商法雑誌 57 巻 1 号 (1967) 37～69 頁，同 3 号 (1967) 385～417 頁。
- 辻正美・判批・私法リマークス 8 号 (1994) 14～17 頁。
- 沖野眞巳「民法 826 条（親権者の利益相反行為）」『民法典の百年Ⅳ』（有斐閣，1998）103～162 頁。

第8講　債務の承継と熟慮期間
——市民感覚の解釈論

＊第 8 講で考えること
相続人は自己のために相続の開始を知った時から，3 か月以内に，相続放棄または限定承認の手続をしない場合には，単純承認したものとみなされる。その後になって多額の相続債務があることを知らされても，もはや相続放棄をすることができない。調べなかった相続人に落ち度があるとはいうものの，一般の人は，被相続人から債務のことを聞いていないと，実際には調べようがない。こうした市民感覚に相応した解釈論を検討する。

[1] ケース 8

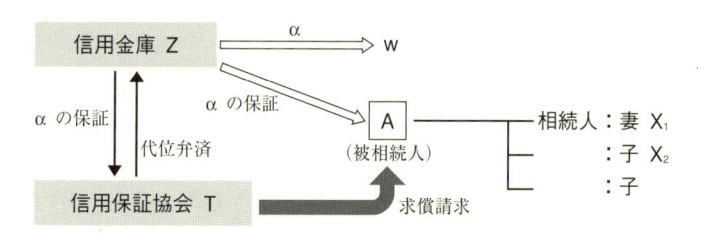

```
信用金庫 Z ─────α─────▶ W
  ▲  │                        │
  │  │ αの保証                α の保証
αの保証 │                        ▼
  │  │ 代位弁済              ┌───┐
  │  ▼                      │ A │────┬── 相続人：妻 X₁
信用保証協会 T ──求償請求──▶│(被相続人)│    ├──     ：子 X₂
                            └───┘    └──     ：子
```

　A は友人 W の保証人になった。1987 年 2 月，W が債務 α を弁済できなかったため，A は保証債務として，Z に 1 千万円を支払った。その際，Z は残債権について A に対して請求しない旨記載した代位弁済受領証を交付した。

　1998 年 4 月，A が死亡し，相続が開始した。A の遺産としては，郵便貯金 302 万円であり，相続人 X_1 らは協議の上，貯金を解約し，香典 144 万円と合わせて，葬儀費用 273 万円，仏壇 93 万円，墓石 127 万円に使用した。なお不足分は X_1 らが自己負担した。X_1 らは，A が W の保証人になったことを知っていたが，すでに保証債務を履行し，残債権については請求しないとの受領証もあったので，債務は存在しないと思って

いた。

　ところが，2001 年 10 月，信用保証協会 T から A 宛てに，求償権 2 口元金及び損害金合計 5941 万 8010 円と記載した残高通知書が送付されてきた。X_2 がこれを受領し，開封して初めて W の債務 α について信用保証協会 T が支払っており，T との関係では，上記の残債務が存在することを知った。

　X_1 らはとても支払える金額ではないので，相続放棄をしたい。認められるか。

[2] 法的論点

> ❶　遺産である預金を解約した場合，相続財産の処分に当たらないのか。当たるとすれば，法定単純承認をしたことになり，もはや相続放棄をすることはできない。
> ❷　当たらないとした場合，相続の開始を知った時から 3 か月以内に相続放棄の手続を取らなければならない。すでに 3 年半経過しているが，なお放棄することができるのか。

[3] 基礎知識の整理と判例・学説を調べるポイント

　債務の承継　　まず前提として債務の承継に関する判例を確認する。判例によれば，相続債務は可分である限り，相続開始と同時に各相続人に法定相続分に応じて分割承継される（最判昭 34[1959]・6・19 民集 13・6・757）〈その理由→362 頁〉。相続人間で事業承継者が債務も単独で承継するなどの協議をしたり，被相続人が遺言で相続債務の承継を定めた場合には，相続人間では効力があるが，債権者との関係では効力はなく，債権者がそうした協議や遺言による指定を承諾しない限り，債権者は各相続人に対して，法定相続分に応じた債務の履行を請求することができる（最判平 21 [2009]・3・24 民集 63・3・427）〈→362 頁〉。

相続財産の処分　**❶**について。法定単純承認事由を条文で確認する（民921）。この内，相続財産の全部または一部を処分した場合について，判例は，経済的重要性を欠く形見分け，社会的に見て相当な範囲内の葬儀費用，仏壇や墓石の購入のために被相続人名義の預金を解約するなどの行為は，相続財産の処分には当たらないとする（大阪高決平14［2002］・7・3 家月 55・1・82）。これを**ケース 8** に適用することができるかを検討する。

熟慮期間の経過　**❷**について。相続放棄，限定承認，単純承認のどれを選択するのか，「自己のために相続の開始があったことを知った時」から起算して 3 か月（民915）以内に決めなければ，単純承認したものとみなされる（民921②）。そこで「自己のために相続の開始があったことを知った時」をどのように解釈するかが問題となる。大別すると，(a) 自分が相続人になったことを覚知した時とする説，(b) 消極財産（債務）の存在を覚知した時とする説の 2 つがある。それぞれの理由づけについては〈→295 頁〉。

　判例は，簡潔にいうと，「相続財産が全く存在しない」と信ずるについて相当な理由がある場合には，3 か月の熟慮期間は，相続人が相続財産の全部または一部の存在を認識した時または通常認識しうべき時から起算する（最判昭 59［1984］・4・27 民集 38・6・698）〈正確には→295 頁〉。**ケース 8** の場合，相続人 X_1 らは A の預金を解約したりしているのだから，相続財産の存在を知っているため，上記の最判を適用することができない。

　しかし，下級審には，最判の「相続財産が全く存在しない」と信ずるについて相当な理由がある場合について，(1) 相続財産の一部の存在を知っているが，「自分が相続する財産はない」と信じていた場合（東京高決平12［2000］・12・7 判タ 1051・302 等），(2) 相続財産の一部の存在を知っているが，「相続債務が存在しないか，あるいは放棄をする必要のない程度の少額である」と信じていた場合（大阪高決平 10［1998］・2・9 家月 50・6・89）まで拡大して，熟慮期間経過後の相続放棄の申述を認めるものがある。また(3) 相続放棄の申述の受理は，家庭裁判所が後見的立場から行う公証的性質を有する準裁判行為であることから，相続放棄が有効であることを確定するものではなく，放棄等の効力は訴訟で決すべきものであり，明らかに

要件を欠くと認められない場合には，受理するのが相当であるとするものもある（**ケース 8** の元になった前掲大阪高決平 14・7・3 等）。こうした緩和の傾向に対して，最高裁は判例法理の厳格な適用を確認している（最判平 13 [2001]・10・30 家月 54・4・70）。

ケース 8 に対して，どの法理を適用すべきか検討する必要がある。

[4] ケースの解決

❶について，判例は，社会的に見て相当な範囲内の葬儀費用，仏壇や墓石の購入のために被相続人名義の預金を解約するなどの行為は，相続財産の処分には当たらないとする。**ケース 8** の場合，葬儀費用 273 万円，仏壇 93 万円，墓石 127 万円であり，社会的に見て不相当に高額とは言えないし，A の預金で不足する部分を香典 144 万円と相続人でまかなっていることも合わせて考えると，相続財産の処分には当たらないといえる。

❷について，X_1 らの相続放棄を認めるためには，[3] の (2) または (3) を用いることが考えられる。市民感覚からすると，A が生前に信用金庫 Z に対して友人 W の保証債務を履行し，Z から残債権について A に対して請求しない旨記載した代位弁済受領証を交付してもらっているのだから，もう債務は存在しないと信じたことに相当の理由があるように思われる。したがって，(2) が妥当するが，最高裁が判例法理を厳格に運用することを確認している現状では，(2) を認めてもらえない可能性もある。こうした状態は，まさに (3) の前提とする「明らかに要件を欠くと認められない場合」に当たるから，とりあえず受理するという (3) の解決方法が可能である。

ただし，訴訟で相続放棄の有効性が争われた場合には，最高裁の法理が厳格に適用されて放棄は無効，したがって，債務を返済すべきとされるおそれもある。(3) はあくまでも暫定的な解決にとどまる。しかし，相続放棄の申述が受理されたことを理由に，債権者に債権回収不能＝損金として内部的に処理させたり，弁済すべき額を減額させるなどの交渉をする可能性がある。

[5] 課　題

解釈論の問題点　熟慮期間経過後の相続放棄を可能とする解釈論として，起算点を遅らせる解釈は，「相続財産が全く存在しない」と信ずるについて相当な理由がある場合をどこまで拡大するのか，厳格に運用するのか，法的安定性を欠く側面がある。当面受理して訴訟で争わせる方向も，解決の先送り的な側面がある。そこで近時，主張されているのが，要素の錯誤論である。

要素の錯誤論　次のような判例がある。相続人が被相続人の消極財産の状態について熟慮期間内に調査を尽くしたにもかかわらず，債権者（農協）からの誤った回答により，相続債務が存在しないものと信じたため，預金口座の解約・払い戻しを受け，熟慮期間も経過したところ，相続開始から 1 年 3 か月後に債権者から 7500 万円余の保証債務残額がある旨の通知を受けた事案である。裁判所は，相続人は被相続人の遺産の構成について要素の錯誤に陥っているとし，熟慮期間が設けられた趣旨に照らし，相続人において上記錯誤に陥っていることを認識した後に，改めて熟慮期間内に錯誤を理由として，上記財産処分および熟慮期間経過による単純承認の効果を否定して，限定承認または放棄の申述受理の申立てをすることができるとした（高松高決平 20[2008]・3・5 家月 60・10・91）。

つまり想定外の多額の債務が存在することを知っていたら，相続放棄をしたであろうことから，要素の錯誤があるとして，法定単純承認の効果を否定する解釈である。この解釈によるときには，調査をして債務の存在を認識することができたかどうかが，重過失（民 95 ただし書）の判断の中で問われることになる。

例えば，被相続人 A 死亡から 3 年 9 か月後に，単独相続人 X（被相続人の養女）が債権者 Z（住宅金融公庫）から保証債務の履行として 5500 万円を一括して請求された事例がある。裁判所は，相続人 X は時価 500 万円を越えることのない家屋と預金 15 万円（葬儀費用に使用）を相続していたことから，最高裁の法理に従い，「相続財産が全く存在しない」と信ずるについて相当な理由がある場合には当たらないとして，相続放棄の申

述を受理しなかった (高松高決平 13[2001]・1・10 家月 54・4・66)。しかし, Z が X に請求したのは, 主債務者死亡後, 相続人が全員相続放棄したという事情があったからである。また X は婚姻して A 方を出たため, A の財産状況を把握しておらず, まして多額の保証をしていることなど知らなかった。A 方で書類を整理した時も関連する証書類を見つけることができなかった。もし債務の存在を知っていれば相続放棄するのが通常の対応だといえるような, 積極財産をはるかに超える額の債務である場合には, 要素の錯誤があると解釈し, 上述のような事情から, 債務の存在を認識することができなかったことに重過失はないとして, 熟慮期間経過による法定単純承認の効果を否定するのである。この事情の 1 つとして, 3 年 9 か月も相続人に通知しなかった債権者の態度も考慮することができ, 柔軟な利益考量が可能になる。

保証債務の相続性の否定　保証債務 (連帯保証も含む) について, 判例は相続性を肯定するが, 個人がする保証については, 個人的な信頼関係に基づく一身専属的な債務であるとして, 相続性を否定する説がある (中川善之助＝泉久雄『相続法 [第 4 版]』(有斐閣, 2000) 176 頁)。債権者の利益は害されるかもしれないが, 義理人情や好意に起因する個人による保証とは, その程度の担保であると覚悟すべきではないだろうか〈→322 頁〉。

　こうした解釈は立法論に近いとすれば, 保証債務の特性を考えて, 次のような解釈もありうる。保証債務の場合, 主債務者が履行すれば, 保証人は履行する義務はないのだから, 保証人として将来現実に保証債務を履行するか否かは不確実であり, 仮に保証債務を履行した場合でも, 主債務者に求償できるかどうかは, 主債務者の資力に左右され, 不確実である。主債務者の不履行が確定するまでは, 債務の額が確定しないのだから, 保証債務を相続によって承継した相続人は, 限定承認や相続放棄を選択することが難しい。万一の場合に備えて相続放棄をせよというのは, 酷である〈→321 頁〉。したがって, 保証人死亡時において主債務者の不履行が確定していない場合には, 保証債務は相続されないと解するのである (伊藤昌司・判批・民商法雑誌 115 巻 6 号 (1997) 1005 頁)。他方, 主債務者の不履行により保証債務が確定している場合には, 債権者は保証人の相続人に速や

かに保証債務の存在を通知すべきであり，相続人は通知があってから3か月以内であれば，限定承認または相続放棄を選択することができると解釈してはどうだろうか。

立法的解決　フランス法では，履行義務が生じていた債務の存在を相続人に知らせずにいた債権者は，相続人が知らずに単純承認したことによる損害について不法行為責任を負わせられる（伊藤昌司『相続法』（有斐閣，2002）231頁）。日本法を承継した韓国では，相続人は，相続債務が相続財産を超過する事実を重大な過失なしに熟慮期間内に知ることができずに単純承認をした場合にも，その事実を知った日から3か月以内に限定承認をすることができるとする（大韓民国民法1019条）。同じく台湾では，相続人は，被相続人の債務につき，相続によって取得した遺産を限度として弁済の責任を負うとして（中華民国民法1048条），日本でいう限定承認を原則とした。こうした法改正による解決までは，本講で述べたさまざまな解釈を用いて，予想もしない相続債務の存在によって，相続人が不利益を被らないような解決を志向すべきではないだろうか。

■参考文献
- 釜元修「家庭裁判所が相続放棄の申述を却下できる場合」判タ1019号（2000）53～58頁。
- 小賀野昌一・判批・『別冊ジュリスト　家族法判例百選［第7版］』（有斐閣，2008）158～159頁。
- 遠藤賢治「民法915条1項所定の熟慮期間の起算点」法曹時報63巻6号（2011）1～33頁。

第9講　遺産から生じる果実の帰属
――判例の前提とする事実関係と判例法理

＊第9講で考えること
最高裁がある解決を示すと，以後，同種の事案について下級審も実務も最高裁に従う。しかし，最高裁判決も具体的な事実関係の下で判断をしている。前提となった事実関係と判決の説示した一般的な法理との対応を考え，どのような事案にまでその法理が及ぶのかについて，第1講でも検討したが，ここで相続開始後，遺産分割までに生じた果実（遺産である賃貸用マンションの賃料）の帰属に関する判例を素材に，もう一度考えてみたい。

[1] ケース9

　Aは妻が亡くなった後，息子Bと同居していた。AはBの事業に4000万円を拠出し，Bの負債についても2000万円ほど肩代わりした。Aは2階建ての賃貸アパートを経営し（家賃6万円，10室），自分の生活費に充てていた。しかし，AはBの妻と折り合いが悪く，結局，B方を出て，娘Cと同居し，食事や身の回りの配慮などCの世話になった。2年後，Aは病死した。残された遺産はアパート（土地を含めた評価額2000万円）と預金600万円である。
　Bは自分が「長男」であり，後継ぎだからアパートを相続すると言って家賃を回収し，自分の事業に消費してしまった。Cは納得がいかず，遺産分割の調停を申し立てたが不調に終わり，審判に移行した。Aの死からすでに2年たった。Aの相続人はBとCである。相続人間の公平を図るために，どのような法的解決をすべきだろうか。

[2] 法的論点

❶ 相続開始から遺産分割までの間に生じた賃料債権は誰にどのように帰属するのか。
❷ B はすでに 2 年分を消費しているが，C は返還請求できるのか。
❸ B は特別受益が多いため，A の相続に関しては具体的相続分はないが，それでも相続開始後の賃料について権利があるのか。

[3] 基礎知識の整理と判例・学説を調べるポイント

前提知識 まず相続開始時から遺産分割時までの間の相続財産（以下，遺産と略する）の法律関係を整理する。判例は，物権法上の共有とする（最判昭 30［1955］・5・31 民集 9・6・793）。したがって，遺産分割までに各相続人は，物権法の共有規定に基づき，(1) 各個別の遺産を使用したり，必要な保存行為をすることができ，(2) 多数決により管理行為を行い，(3) 全員の合意により処分・変更行為をすることができる。さらに各相続人は，個別の遺産について，共有持分を第三者に譲渡したり，相続人の債権者が債務者である相続人の共有持分を差押えることが可能となる。

遺産を特定の相続人が使用している場合には，相続人の共有持分（法定相続分）を超えた使用は不当利得に当たり，賃料相当分を他の相続人に返還しなければならない。ただし，被相続人と使用している相続人との間に，遺産分割終了まで無償で使用できる旨（使用貸借）の合意が成立していたと見られるような事情がある場合には，不当利得は成立しない（最判平 8［1996］・12・17 民集 50・10・2778）。なお遺産を占有し使用している相続人が当該遺産を管理している場合には，管理のための費用を支出しているのだから，自己の相続分および使用収益の対価を超える管理費用や有益費などの支出については，費用の償還を請求することができる〈→328 頁〉。

ケース 9 では，アパートを B が管理し，家賃を回収するためには，B・C の協議ないし多数決が必要であり，それがない限り，B にはアパー

トを管理する権限はない。

遺産から生じた果実　遺産分割までに遺産から果実が生じることがある。果実には，（a）利子，株式の配当など自動的に生じる果実，（b）農地の耕作，営業資産の活用であげた収益など占有する相続人の労力が加わって生じた果実，（c）不動産や動産の賃料など，その管理という労力が加わるが，（b）ほどではなく，かといって（a）ほど自動的ではない果実の3つがある。

これまでの判例・実務では，遺産を相続開始時の財産に限定するが，当事者の合意があれば遺産に含むとする説，果実と遺産が一体化・同視できる場合は遺産に含むとする説があった。その背景には，共同相続人間の公平性の確保という視点がある。過大な生前贈与や遺贈を受け，特別受益が具体的相続分を上回り，今次相続において被相続人から何の財産も承継しない相続人が，相続開始後の果実について権利を得るのは妥当か，という問題意識がある。

（c）については，法的な構成として，相続開始までの財産が遺産であり，相続開始後の収益などは遺産ではないとの立場から，（1）遺産の所有権が帰属する者に果実も帰属（民89Ⅱ）するとし，遺産分割の遡及効から，相続開始後の賃料債権は遺産分割で当該不動産を取得した者にすべて帰属するという説，（2）相続開始から遺産分割まで遺産は共有なのだから，賃料債権は遺産とは別ではあるが，相続分に応じて分割単独債権として各相続人が取得し，遺産分割の影響を受けないという説があった。

他方で，（c）の場合には，借主の立場を考慮する必要がある。例えば，遺産が賃貸マンションの場合，借主は家賃を誰に支払えばよいのか，修繕請求や敷金返還請求は誰に対して行えばよいのか。通常は，相続人の誰かまたは不動産業者にそのマンションの管理を委ね，家賃を銀行の共通口座に振り込んでもらうなどの工夫（前述の多数決による管理行為）をすればよいのだが，相続人間に遺産をめぐる紛争があると，多数決や理性的な対応が難しいかもしれない。

判例法理とその前提事実　判例は，賃料債権について「遺産とは別個の財産というべきであって，各共同相続人がその相続分に応じて分割単独

債権として確定的に取得するものと解するのが相当である」とした（最判平 17[2005]・9・8 民集 59・7・1931）。簡潔明瞭だが，相続人が複数いる場合，賃料債権は法定相続分に応じて分割帰属しているというのだから，借主は，相続人を把握し，各相続人に対して分割して支払わなければならない。借主は，賃借物件の修繕を賃貸人に請求でき，賃貸借契約の終了や解除の場合には，敷金の返還請求をすることになるが，各相続人は不可分債務として，これらを履行する義務があるものの，その原資となる賃料は，法定相続分しか取得していない。借主は，頼りになる相続人を探し出して，こうした請求をすることになるのだろうか。

実は，この判例は次のような事実関係を前提にしていた。①相続人は，被相続人の後妻と先妻の子 4 人である。②遺産は 17 件の不動産であり，遺産分割を経て各相続人に分配された。③しかし，相続開始から遺産分割（1996 年 10 月 31 日～2000 年 2 月 2 日）までの約 3 年 3 か月間に，各不動産から生ずる賃料が 2 億 1160 万円に達した。④あらかじめ各相続人は，賃料等管理のために共同で銀行口座を開設し，そこから管理費も支出できるように合意していた。⑤2002 年 2 月 3 日，大阪高裁で遺産分割が決定され，確定したことから，口座の残金の清算をすることになったが，各相続人は争いのない範囲で残金を分配し，争いのある金員を先妻との間の子（長男）が保管し，裁判所の決定に従う，つまり遺産分割の対象としない旨の合意が成立していた。

このように本件では，遺産分割までの賃料を銀行口座を設けて管理しているのだから，敷金返還請求や，修繕請求に対応できる原資がある。借主はこの口座に振り込めばよいのだから，手間はかからない。相続人の 1人が勝手に口座から下ろして自己のために消費することもない。こうした前提事実があるから，最高裁は安心して，「各共同相続人がその相続分に応じて分割単独債権として確定的に取得する」と言えたのではないだろうか。逆に，この法理が示された以上，相続人は，自己の権利を確保するためだけではなく，賃貸人として借主のために口座開設＋管理人の選定をしなければならなくなったともいえる。

[4] ケースの解決

判例からの結論　ではケース 9 の法的論点❶〜❸について，判例法理に従えば，どのような結論になるのかを点検してみたい。

❶ 相続開始から遺産分割までの間に生じた賃料債権は，判例によれば，A の相続人 B と C が法定相続分 1/2 ずつ取得する。したがって，❷ B が勝手に回収した家賃 2 年分，毎月 60 万円×12 か月×2 年 = 1440 万円について，C はその 1/2 = 720 万円の賃料債権を取得しているのだから，B が全額消費した以上，B は C に対して 720 万円を返還しなければならない。❸ 判例は法定相続分で分割帰属させるのだから，B が特別受益が多いため，A の相続に関しては具体的相続分がなくても，相続開始後の賃料について 1/2 の権利があることになる。❷・❸によれば，C は B に対して 720 万円を不当利得として返還請求することになるが，B は全額自分の事業に消費しているのだから，実際に返還を受けることは難しい。

ここで B・C の具体的相続分を計算し，遺産分割の中でどのような解決が可能になるかを検討する。

遺産分割　相続開始時の積極財産は 2600 万円［アパート（土地を含めた評価額 2000 万円）＋預金 600 万円］。B の事業へ 4000 万円拠出したこと，B の負債 2000 万円を肩代わりしたことは，いずれも B への特別受益の贈与となる（民 903 I）。A が B 方を出て，C と同居し，食事や身の回りの配慮など C の世話を受けていたことは，同居の親子として通常の助け合いの範囲内だから，寄与分には当たらない（民 904 の 2 I）。ケース 9 では A の相続債務がないとしているので，債務の計算は不要である。以上を踏まえて具体的相続分を計算する。

【みなし相続財産】
2600 万円＋6000 万円(4000 万円＋2000 万円) = 8600 万円（民 903 I）。
【B の具体的相続分】
8600 万円×1/2 = 4300 万 − 6000 万円(特別受益) = −1700 万円(民 903 I)。
　超過受益となるため，今回の A の相続に当たり，B が受け取るべき具体的相続分は 0 となる（民 903 II）。

【C の具体的相続分】

8600 万円×1/2 = 4300 万。

　相続開始時の遺産は 2600 万円しかないが，C の遺留分額（4300 万円×1/2 = 2150 万円，民 1028）を超えているので，遺留分侵害はない。したがって，C は 2600 万円でがまんすることになる。別途，相続開始後に生じた賃料債権 1440 万円の 1/2 を B から返還してもらえると，2600 万円＋720 万円 = 3320 万円を確保することができる。他方，B は具体的相続分が 0 でも，上記の賃料債権 720 万円は確保できる。

　これに対して，賃料債権も遺産の中に含まれるとすると，相続開始時の積極財産 2600 万円に 1440 万円が加算されるので，みなし相続財産は 1 億 40 万円になる。

【B の具体的相続分】

1 億 40 万円×1/2 = 5020 万 − 6000 万円（特別受益）= − 980 万円。

　超過受益なので，具体的相続分は 0。賃料債権も取得できない。

【C の具体的相続分】

1 億 40 万円×1/2 = 5020 万円。

　積極財産 2600 万円に賃料債権全部 1440 万円を加えた 4040 万円を取得する。もちろん，C が B に返還請求しても回収できないかもしれない。しかし，C が B に対して，賃料も遺産に含まれるのだから，遺産分割までは共同で管理しようと主張し，銀行口座を設けたり，不動産業者など第三者を管理人にすることによって（その費用は B・C の共同負担となる），B の勝手な処分を防ぐ可能性は，分割帰属説よりも高くなるように思われる。

[5] 課　題

　[4] では，賃料債権を遺産の中に含めて遺産分割する方が相続人間の公平を保つ可能性が高いことを示した。前述のようにこれまでの実務・学説には，(a) 当事者の合意がある場合，または (b) 果実と遺産が一体化・同視できる場合には，遺産に含むとする説があった。しかし，(a) では，

ケース 9 のように B が独善的であれば，合意を得るのは困難である。したがって，(b) を取ることになる。相続開始後，遺産から果実が生じたことは，遺産の価値の増大であり，遺産そのものと捉えるのである。つまり，果実，収益も遺産の評価の 1 つとして位置づける。その結果，遺産分割の中で，具体的相続分を考慮したり，あるいは目的不動産が遺贈や「相続させる」旨の遺言の対象となっている場合には，そのことを考慮して，賃料債権の帰属あるいは分配を定めることになる。

　判例の分割帰属説は，事案の特殊性に依存する。すなわち，①相続開始から遺産分割までに生じた賃料債権について争いのない範囲で相続人に分配し，その残金について，訴訟により帰属先を確定するとの合意があること，つまり遺産分割の対象としない合意があること，②遺産分割までの賃料を銀行口座を設けて管理し，敷金返還や修繕に対応できる原資を確保していることである。したがって，分割帰属説は，①遺産分割の対象としない合意＋②賃料および不動産の共同管理の合意があることを前提にしており，①②の合意のいずれかが欠けている場合には，判例は適用されないと解釈する余地がある。

　もちろん賃料債権を遺産に含める場合でも，遺産分割までに相続人の一部の勝手な処分を防ぎ，かつ借主の権利行使・賃料支払いの簡便さと賃貸人としての義務履行を確保するためには，賃料・不動産の共同管理が不可欠である。そうすると，前述①②の前提の内，②は満たしていることが多くなるので，結局①遺産分割の対象としない旨の合意の存在が要件となる。しかし，誰か 1 人でも「対象としない」ことに反対していれば，②を欠くことになり，判例は適用されず，上述 (b) から遺産分割の対象にすることができるので，遺産分割を志向する相続人の利益を確保する可能性は高まるように思われる。

■参考文献
- 松原正明『全訂 判例先例相続法Ⅱ』（日本加除出版，2006）283〜295 頁。
- 松並重雄・判批・法曹時報 60 巻 2 号（2007）581〜612 頁。
- 髙木多喜男・判批・私法判例リマークス 34 号（2007）70〜73 頁。

第 10 講　高齢者介護の法的評価
——扶養と相続，契約的発想

＊第 10 講で考えること

成人した人でも高齢，障がい，病気などで誰かの世話を受けることがある。その世話が愛情・善意の域を超えてなされるとき，その労に報いる仕組みが欠かせない。民法のさまざまな条文を用い，その解釈や運用で対応できるのか点検してみたい。制度の狭間にある人に対して，どのような法的保護が可能かを検討する課題である。

[1] ケース 10

　夫 A と妻 B は農業を営んでいる。A・B には子 C・D・E・F がいる。C は高校を卒業した後，地元に残り A の営む農業に従事した。C は Z と婚姻し，A・B と同居した。C・Z には子 V・W が生まれたので，Z は A・B の世話，V・W の育児をしながら，A・C の農業を手伝っていた。婚姻から 15 年後，C が癌で病死したが，Z はそのまま A・B と同居し，V・W を育てながら，農業を手伝い，A が脳梗塞で倒れ，介護が必要になったときは，高齢の B に代わって，A の食事・入浴・排泄などほとんどの世話をした。A は Z に感謝しつつも遺言を書くことなく死亡した。A の遺産分割に対して，D・E・F は子として平等の相続権を主張する。Z には A の遺産について何らかの権利があるのだろうか。

[2] 法的論点

> **1** 扶養義務には介護が含まれるのか。
> **2** 相続人間の公平を図る制度は何か。
> **3** 相続人ではない者が被相続人の事業に貢献したり，あるいは介護をした場合に，これを法的に評価する解釈はあるのか。

[3] 基礎知識の整理と判例・学説を調べるポイント

世話の体系　　まず❶について，整理する。民法では，下記のように人の世話を 3 つに分類している。

世話の体系	未成年者	成年者
(1) 身の回りの世話	親権・未成年後見	規定なし（介護保険法，障がい者総合支援法）
(2) 財産の管理と代理	親権・未成年後見	成年後見・保佐・補助
(3) 経済的援助	扶養・養育費分担	扶　養

ケース 10 のように高齢者の (1) 身の回りの世話＝介護について，民法には規定がない。(3) の経済的援助について，扶養義務者は，(a) 配偶者（民 752），(b) 直系血族，兄弟姉妹（民 877 Ⅰ），(c) 3 親等内の親族（民 877 Ⅱ）であるが，(c) は特別な事情がある場合に，家庭裁判所の審判で命じられる場合にのみ義務者となる〈→247 頁〉。したがって，A の扶養義務者は，妻 B，子の C・D・E・F である。

扶養義務は，①一定の親族関係にあること，②扶養権利者の要扶養状態，③扶養義務者の扶養能力，④扶養権利者の請求という 4 つの要件が調って初めて発生する〈→249 頁〉。A は脳梗塞で倒れたが，不動産，預金その他財産があれば，経済的援助を必要とする要扶養状態にないから，扶養義務は発生しない。

A にとって必要であるのは介護である。現行民法の扶養義務には介護は含まれない。かつて明治民法では，「扶養義務者ハ其選択ニ従ヒ扶養権利者ヲ引取リテ之ヲ養ヒ又ハ之ヲ引取ラスシテ生活ノ資料ヲ給付スルコトヲ要ス」として引取り扶養を選択できることを示し，ただし書で「正当ノ事由アルトキハ裁判所ハ扶養権利者ノ請求ニ因リ扶養ノ方法ヲ定ムルコトヲ得」として，扶養権利者の請求によって引取り扶養を命じることができるようにしていた（明治民法 961 条）。引き取って扶養するのだから，事実上介護をすることになる。しかし，介護の強制は，介護者の日常生活に犠牲を強いることでもあり，介護をする者と受ける者との人間関係を破壊するおそれがある。

そこで現行法は，扶養を経済的援助に限定し，高齢者で介護が必要になれば，自分の財産で民間や公共の福祉サービスを受け，費用が不足すれば，扶養義務者に費用の援助を請求する仕組みにした。しかし，扶養権利者と義務者が扶養の方法について協議し，合意が成立すれば，その合意が優先するのだから（民879），引取り扶養を合意すれば，それは有効になる。日本では，長男が高齢になった親を引き取り，長男の妻が介護するという実態があった。引取りの合意を事実上強制する社会慣行・意識が存在した。今は介護保険法によって介護サービスを受けたり，施設での介護が可能となっているが，ケース10のように高齢者と同居している場合には，同居している子やその妻が介護を担う実態はなくなっていない。

ケース10では，扶養義務者ではないZがAの介護をしていた。これを法的にどう構成し，その労に報いるのかが課題となる。

相続人間の公平を図る制度　他方，❷相続人であるCとD・E・Fの関係を考えてみる。CはAの農業に従事している。通常の農業労働者と同じ賃金をもらっていたら別だが，多くの場合，農業収入は事業主であるAに帰属し，CはAと同居することで，衣食住を確保し，多少の生活費をもらう。Cの妻Zも同様である。CとZが共同してAの介護をしていても，同居していることから当然とされ，報酬を受けることなどない。ところが，Aの相続に関してD・E・FはC（CがAより先に死亡しているので，V・Wが代襲相続人となる）と平等な相続権を主張する。均分相続は子の平等という点で貴重な原則だが，被相続人のために尽くした相続人と何もしなかった相続人の間に不公平を生む。そこで創設されたのが寄与分である〈→346頁〉。

寄与分は，相続人間の公平の見地から具体的相続分を修正するものであり，相続人の協議，協議が調わない場合には家庭裁判所の審判で定められる（民904の2）。寄与分を主張できる者は，相続人であり，その配偶者は含まれない。寄与分が認められるためには，被相続人の財産が増加または維持されたことが必要であり，寄与の類型としては，(a) 家業従事型と(b) 療養看護型がある。ただし，「特別な寄与」だから，家族として通常の事業の手伝いや身の回りの世話では寄与分は認められていない〈→348

頁〉。Cに特別な寄与があったかどうか調べる必要がある。

　寄与分の算定基準として，(1) 農作業などでは，農作業標準賃金に年間の作業日数を乗じた額など〈盛岡家一関支審平 4[1992]・10・6 家月 46・1・123〉，(2) 療養看護では家政婦の基本料金＋深夜料金に看護日数を乗じた額など〈盛岡家審昭 61[1986]・4・11 家月 38・12・71〉であり，こうして算出された金額に，家族間の労働であり，衣食住の利点などもあることから，裁量的な割合 (0.5 とか 0.6) を乗じて減額することが多い。また (3) 療養看護した 28 か月中，死亡直前の 6 か月を月 9 万円，その余の 22 か月を月 3 万円として，合計 120 万円とおおざっぱに算出する審判例もあり〈神戸家豊岡支審平 4[1992]・12・28 家月 46・7・57〉，一般的には (3) 型 (包括的な算定) が多い〈→351 頁〉。

　相続人でない者の寄与　❸の論点である。家庭裁判所の審判例では，例えば，被相続人 (父) が寝たきりになり，申立人 (夫，相続人) の妻が 28 か月自宅で付きっきりで看護をし，亡くなる半年前からは 30 分以上の外出もできない状態であり，被相続人の死後，看病疲れから自律神経失調症にかかった事例で，裁判所は，この看護は，申立人の妻として，申立人と協力しあい，申立人の補助者または代行者としてなされたものだから，遺産分割に当たっては申立人の寄与として考慮すべきだとした〈前掲神戸家豊岡支審平 4・12・28〉。妻は相続人である夫＝長男の履行補助者，履行代行者と捉えるのである〈→348 頁〉。妻自身には何の権利も認められないが，相続人である夫の相続分に寄与分が加算されるので，間接的に妻も利益を得ることができる。

　ケース 10 のように，夫 C が被相続人 A より先に死亡していた場合には，まず①寄与分の相続性を肯定する。つまり寄与分も財産的権利だから，被代襲者に認められる寄与分を代襲相続人に相続させるのである。ケース 10 でいえば，C の寄与分を V・W が代襲相続する。その上で，②上記の履行補助者の考え方を使う。つまり，妻 Z の寄与が相続人である夫 C の寄与として考慮され，V・W がそれを代襲相続する。さらに母 Z の寄与を代襲相続人である子 VW の寄与とするのである〈→354 頁〉。ケース 10 の元になった高裁決定は，次のように説示している。「相続人の

配偶者ないし母親の寄与が相続人の寄与と同視できる場合には，相続人の寄与として考慮することも許される」(東京高決平 1[1989]・12・28 家月 42・8・45)。実際に農業を手伝い介護を担った Z 自身には何の権利も認められないが，V・W の相続分が増加することによって，間接的に Z も利益を受けるという解決方法である。

[4] ケースの解決

家庭裁判所の判例によれば，代襲相続人である V・W が，自己の父 C の寄与分を相続し，C 存命中の母 Z の寄与が C の寄与とされ，さらに C 死亡後の Z の寄与が V・W の寄与とされるのだから，① C 自身の寄与，② C や V・W の寄与とされる Z の寄与を確定する必要がある。

ケース 10 の場合，C が高校卒業から病死するまで A の農業に従事したことが寄与分と認められるためには，どの程度の寄与だったのか，寄与に対して対価が支払われていたか，同居することによって，C と C の家族の衣食住がどの程度まかなわれていたか，寄与に報いるための生前贈与がなかったか，他の相続人も手伝っていなかったかなどを調べる。Z についても，A の農業への関与の程度，A の介護の実情(介護保険における A の要介護度，1 日何時間どのような介護をしたか，そうした介護がどのくらい継続したか，深夜の付き添いもしたか，報酬を受けていたかなど)を調べる。家族内のことなので証明が難しいが，**ケース 10** では，A の配偶者 B がいるので，B の証言が D・E・F への説得になるだろう。家計簿や日誌，預金通帳など記録があれば，さらに説得性を増す。

しかし，寄与分には 3 つの限界がある。どんなに多くの寄与をしても，(**a**) 相続財産の範囲内に限られ，(**b**) 被相続人が遺贈をしていれば，相続財産から遺贈を控除した残額を超えることができず (民 904 の 2Ⅲ)，(**c**) 他の相続人の遺留分に配慮しなければならない 〈→352 頁〉。さらに Z のように相続人でない者は，実際に寄与行為をしていても，相続権がないことから，何の権利も確保されない。**ケース 10** では，C・Z の間に子 V・W がいたから，C が A より先に亡くなっていても，V・W の代襲相続に

よってZは間接的な利益を得るが、子がいない場合には、こうした保護もない。寄与分以外の法的保護を考える必要がある。

[5] 課　題

　事業や介護に尽くした非相続人Zの法的保護として4つの形態が考えられる。
　第1は、家族形成型である。A・BとZが養子縁組をし、Z自身がA・Bの相続人になるので自らの寄与分を主張することができる。第2は、財産付与型である。A自身がZの寄与を評価し、感謝の表れとして、①生前贈与、②死因贈与、③遺贈をすることができる。ZにAの世話をすることを負担として設定することもできる。負担付きの贈与、死因贈与、遺贈である。Zはこうした負担の任に耐えないと思えば、贈与の場合には合意しなければよく、遺贈の場合には放棄することができる（民986）。第1も第2もAに意思能力、行為能力があることが前提であり、判断能力の低下があると、他の相続人から、縁組無効、贈与や遺言の無効の主張があり、家族関係が崩壊するおそれがある。
　第3は、契約構成である。(1) AとZの間に雇用契約や介護契約が成立しており、その報酬を請求することができると構成する。明確な契約が結ばれていない場合には、黙示の意思表示、契約の擬制という解釈をとる。Zの報酬請求権は、Aの相続債務となるから、相続財産の範囲や遺贈を控除した残額に限定されず、他の相続人の遺留分を考慮する必要もない。相続債務は法定相続分で分割帰属するから、Zは相続人B、V・W、D・E・Fに対して法定相続分で請求することができる。(2) Zと他の扶養義務者B・D・E・Fの間で介護委託契約が成立していると構成する。B・D・E・Fが介護費用を負担すべきところ、Zに無償で現実の介護をさせているのだから、介護を委託していると考え、ZはB・D・E・Fに対して報酬を請求することができる。Aの相続債務とはならない。なお家業従事型の場合には、組合契約に基づく残余財産分配請求権を考えることもできる（第1講[4] 5頁参照）。

第 4 は，黙示の意思表示という解釈に難があるとすれば，非契約的構成として，(a) 事務管理による費用償還請求権（民 702），(b) 不当利得返還請求権（民 703）を考える。介護などを「事務管理」と捉えること，善意・好意で行っている介護を「不当利得」と捉えることに違和感があるかもしれないが，非相続人の寄与行為を正当に評価するためには，(a)・(b) の方法は有効であると考える。

　しかし，寄与分制度創設後の公表判例で，非相続人が第 3 や第 4 の主張をしたケースはない。主張しにくい風土が日本の家族には存在するのかもしれない。介護保険制度が拡充されても，同居する子やその配偶者が高齢者を世話する実態がある以上，第 3 の方法，あらかじめ介護を受ける者，扶養義務者など関係者間で話し合いをして，合理的な内容の介護に関する契約を結ぶ方向を追求すべきではないだろうか。

■参考文献
- 太田武男・野田愛子・泉久雄編『寄与分 その制度と課題』（一粒社，1998）。
- 窪田充見「寄与分：制度理解と解釈論についての覚書」神戸法学雑誌 49 巻 3 号（2000）239〜278 頁。
- 片岡武・菅野眞一『新版 家庭裁判所における遺産分割・遺留分の実務』（日本加除出版，2013）259〜344 頁。

第11講　遺産分割のやり直し
——遺産分割の意義と法的安定性

＊第 11 講で考えること
遺産分割のときに，高齢の父または母，病弱な兄弟姉妹の世話をする相続人が，そのことを前提により多くの遺産を取得することがある。しかし，世話がうまくいかない場合も出てくる。他の相続人からは不満が出る。世話を受ける相続人の利益，相続人間の公平を考えると，遺産分割協議のやり直しが望ましい。しかし，簡単にやり直しを認めると，相続関係の法的安定性が害される。解釈の対立の背景には，上記の理念のどれを優先すべきかという価値判断がある。そのことを認識した上で，合理的な解釈論を追求する。

[1] ケース 11

被相続人 A の遺産は，預金 2000 万円，住宅（土地・家屋合わせて時価 4000 万円）であるが，他に債務 800 万円がある。A の妻 B はすでに亡くなっており，相続人は子 C・D・E・F である。D は 10 年前から，F も 5 年前から独立し，別の所に居住しており，A・C・E がこの住宅で一緒に生活していた。E は病身で自立が難しい。そこで C が E と同居して E の世話をすることを前提に，C・D・E・F がそれぞれ預金 500 万円ずつを取得し，住宅は C と E の共有とする遺産分割協議をした。しかし，C は E の世話をしない。D・F は C に対して遺産分割のやり直しを求めることができるか。E が急死した場合はどうか。

[2] 法的論点

> ❶ 遺産分割とは何か。
> ❷ 分割債権を遺産分割の対象とすることができるのか。

❸ 遺産分割協議を解除することができるのか。

[3] 基礎知識の整理と判例・学説を調べるポイント

遺産分割の意義　相続開始により遺産は相続人の共有状態にある。この共有状態を解消し，相続人の単独所有に還元する仕組みが遺産分割である。遺産分割は，具体的相続分（民903）に従い，具体的な諸事情を配慮してなされる（民906）。分割の方法は，(a) 現物分割，(b) 換価分割，(c) 代償分割である〈→357 頁〉。

可分債権　判例によれば，可分債権は法律上当然に分割され，共同相続人がその相続分に応じて権利を承継する（最判昭 29[1954]・4・8 民集 8・4・819）。ここでいう相続分とは法定相続分である。上記判例は，相続人と債務者の間の事案だったが，相続人間でも同様に扱うことが明示された（最判平 16[2004]・4・20 判時 1859・61）。ただし，相続人の合意を要件として分割の対象とすることができる（東京高決平 14[2002]・2・15 家月 54・8・36 など）。**ケース 11** でも相続人全員の合意があれば，預金を遺産分割の対象とすることができる〈→361 頁〉。

遺産分割協議の解除　まず踏まえておく事項がある。遺産分割協議も法律行為だから，①協議に錯誤・詐欺・強迫などがあれば，無効・取消が認められる。②遺産の一部が分割の対象からもれていた場合には，もれていたことを知っていれば，そのような分割協議をしなかったであろうと思われるときは，錯誤による無効とし，そうでないときは，もれていた部分について分割協議をする。③遺産分割の対象に瑕疵があったり，遺産でない物件を分割していた場合には，共同相続人の担保責任の問題となる（民911～913）。①や②で錯誤による無効とされる場合には，遺産分割協議は失効し，再度，分割しなおさなければならず，したがって，相続人間での法的安定性の維持がどの場合にでも貫徹されるわけではない。

さて判例は，(1) 共同相続人の 1 人が遺産分割協議で負担した債務を履行しない場合に，民法 541 条によって分割協議を解除することはできないとする一方（最判平 1[1989]・2・9 民集 43・2・1），(2) 全員の合意により

遺産分割協議の全部または一部を解除した上で，改めて分割協議を成立させることができるとする（最判平 2[1990]・9・27 民集 44・6・995）。**ケース 11** では，(1) が問題となる。(1) は，①遺産分割は協議の成立とともに終了し，その後は債務を負担した相続人と債権を取得した相続人との間の債権債務関係が残ると解すべきであり，②さもないと，遡及効を有する遺産の再分割を余儀なくされ，法的安定性が著しく害されることを理由とする。

①は，遺産分割の法的性質にかかわる問題である。前述のように，遺産分割は相続人間の共有状態を解消し，各相続人の単独所有や特定の相続人間の共有に還元する仕組みであり，遺産分割には遡及効があるため，分割協議が成立すると，各相続人が分割協議で取得することになった遺産を相続開始時に遡って被相続人から承継することになる。分割協議はその目的を達成して終了するから，協議自体の履行・不履行という問題は生じないと捉える。

②の法的安定性について。仮に遺産分割協議の解除を認め，再分割することになったとしても，解除の効果は，解除前に生じた第三者の権利を害することができない（民545Ⅰただし書。解除後の第三者は対抗問題で対応）。遺産分割の遡及効も同様に，分割前に生じた第三者の権利を害することができない（民909ただし書。分割後の第三者は対抗問題で対応）。動産の即時取得（民192）などの規定がある。こうした規定によって，第三者の権利は保護される。つまり対第三者の取引の安全という対外的な法的安定性は保たれている。したがって，解除→再分割で問題になるのは，相続人間の法的安定性である。遺産分割で取得した不動産や動産を第三者に譲渡したり，担保を設定した場合に，譲渡した金額を遺産に戻し，借りたお金を返済して抵当権を抹消するなど，厳しい状況に置かれる相続人が出てくるかもしれない。それでも前述のように錯誤・詐欺・強迫があれば，無効・取消がありうるのだから，法的安定性は必ず守るべき価値理念ではない。

ところで上記 (2) の判決は，相続人全員の合意がある事案であり，相続人間の法的安定性を問題にする必要がなかった。そうすると，債務を負担した相続人以外の者が一致して再分割を求めていれば，他の相続人は法的安定性の維持を求めていないことから，他方，債務を負担した相続人に

は不履行の責任があることから、債務不履行解除が可能になるという解釈が出てくる。

価値判断　解除を肯定するか否定するかは、債務を負担した相続人と債権を取得した相続人との間の債権債務関係が残るとする (1) の論理によって、債権を取得した相続人の利益を確保できるかどうか、その価値判断に左右される。

(1) の判決の事案は、長男が遺産の 4 割強を取得する遺産分割協議の時に、長男が、① 二男・三男と兄弟として仲良く交際すること、② 母と同居すること、③ 母を扶養し、母にふさわしい老後を送ることができるように最善の努力をするものとし、妻とともに身の回りの世話を母の満足をうるような方法で行うこと、④ 祖先の祭祀を承継し、各祭事を誠実に実行することという合意がなされていたものである。①～④の負担は、③の扶養（経済的援助）の部分を除いて、いずれも強制履行の不可能なものである。

解除肯定説は、遺産分割協議の債務不履行による解除を認めることによって、実質的な履行を担保しようとするものといえる。したがって、債務の履行の強制が確保できる場合には、解除を認めていない（金田・後掲参考文献 422 頁）。また (1) の事案は、長男が母を殴ったり、侮辱的な言動をするなど、背信的だった。肯定説の多くは、債務の不履行が諸般の事情から見て背信的であることを要件とする。さらに①～④の合意などが、遺産分割協議の重要な基礎であることを不可欠とする。

否定説は、③について母が長男に扶養を請求できるのだから、ある程度の利益は確保できると捉える。また法的な債務とはなりえないものの不履行を「債務不履行」と捉えることに疑問を呈する。

[4] ケースの解決

遺産分割の前提として相続人の具体的相続分を確定する。相続人は子 C・D・E・F の 4 人。被相続人 A の遺産は、預金 2000 万円＋住宅 (4000 万円) ＝ 6000 万円。特別受益や寄与分がないことから、6000 万円×1/4 ＝ 1500 万円が各相続人の具体的相続分となる。債務は法定相続分で分割

されるので，800 万円×1/4 ＝ 200 万円を各相続人が負担する。遺産分割に際し，相続人の合意があれば預金を遺産分割の対象とすることができる。**ケース 11** では，C・D・E・F がそれぞれ預金 500 万円ずつを取得し，住宅は C と E の共有とする遺産分割協議をした。C・E は各自預金 500 万円＋住宅 4000 万円の 1/2 である 2000 万円＝2500 万円の財産を取得したことになる。

　D・F が 500 万円で合意した背景には，E が病身で自立が難しいことから，C が E と同居して E の世話をするという事情があった。これを債務と捉えれば，C が E の世話をしないことは債務不履行になるのだから，解除肯定説からは，① C が E の世話をすることが当該遺産分割協議の重要な基礎であること，② C の不履行が背信的であるとみられる事情があることを証明することができれば，D・F は C に対して遺産分割の債務不履行解除を行い，遺産分割のやり直しを求めることができる。E が急死した場合は，C は E の世話をすることができない状態に陥ったのだから，当事者の責めに帰せられない履行不能として，上記①が証明できれば，遺産分割協議を解除し，やり直しを求めることができる。

　解除否定説の判例によれば，どちらの場合も解除はできない。E は C に対して世話を請求することができるが，強制可能であるのは経済的援助としての扶養にとどまる。E が死亡した場合には，E の共有持分 1/2 を C・D・F が法定相続分で承継する結果，住宅の持分は C 1/2＋1/2×1/3 ＝ 2/3，D・F は 1/2×1/3 ＝ 1/6 となる。不公平な結果となるが，そうした遺産分割協議をした以上，リスクは覚悟すべきだったということになる。

　これに対して，債務を負担した相続人以外の者が一致して再分割を求めている場合には，債務不履行解除が可能になるという解釈では，D・F が E を説得し，全員で C の不履行に納得がいかないことを示し，再分割を求めて遺産分割協議を解除することができる。解除肯定説のように①・②などの要件事実を証明する必要はない。不履行の相続人以外の相続人の一致があればよい。E が死亡した場合には，残った相続人 D・F が一致すれば，同様に解除することができる。

　上記の学説の内，解除を肯定する立場では，解除した後，D・F が E の世

話をすることができないのであれば，住宅を売却したお金でEをケア付きの施設へ入所させる，住宅をEに取得させて，ヘルパーなど有料のサービスをD・E・Fが資力に応じて負担するなどの再分割協議をすることになる。Eが死亡した場合には，住宅について換価分割にするか，Cが取得する代償分割を行うか，預金も含めて再分割協議をすることになる。

[5] 課 題

(1)の最判や**ケース11**のように，履行を強制できないことを遺産分割協議の前提あるいは基礎とすることは妥当なのだろうか。学説には，合意解除が可能であれば，合意によって解除条件や約定解除権を分割協議時に定めることもできるし，さらには当該相続人間の関係を負担付贈与と構成し，負担の不履行による解除を認める可能性もある（内田貴『民法Ⅳ［補訂版］』（東京大学出版会，2004）427頁）。しかし，世話をしなければ解除するという合意や解除条件の設定は，当該相続人に世話を強制することを意味する。兄弟仲良く，母と同居，祭事を行うなども同様である。任意に履行してこそ意味のある行為を，遺産分割の前提・基礎・解除条件・負担とすることには，違和感を覚える。

とりわけ世話，介護などを特定の相続人に担わせることは，すべきではない。第10講で述べたように，介護保険や有料サービスを利用し，その費用を扶養義務者が資力に応じて分担し，可能な範囲で各自が世話を分担し合う関係を築く努力をすべきではないだろうか。遺産分割協議で対応すべき問題ではない。法にはできることとできないことがある。その限界を踏まえれば，結果的には判例の否定説が妥当なのかもしれない。

■参考文献
- 金田洋一「遺産分割協議の解除」判例タイムズ1100号（2002）421～422頁。
- 潮見佳男「遺産分割の瑕疵・解除」『新実務家族法大系③』（新日本法規，2008）366～386頁。
- 沖野眞巳・判批・『別冊ジュリスト 家族法判例百選［第7版］』（有斐閣，2008）144～145頁。

第12講　高齢者の遺言能力
――判断基準と予防法学

＊第 12 講で考えること

遺言作成時，遺言者に遺言能力がなければ，遺言は無効である。高齢者の判断能力が低下したときに，相続人など身内の者がそうした高齢者に対して自己に有利な遺言を作成するよう働きかけることがある。他方で，自分が世話になる子に多少とも利益を与えたいと思う高齢者もいる。どういう場合に遺言能力が認められ，認められないのか判断基準が重要だが，一方で遺言者の意思と遺言能力を確認しながら，真正な遺言を作成する実務も求められる。後日，遺言能力に関する紛争を事前に防止する仕組みを考える。

[1] ケース 12

　夫 A と妻 B との間には，息子 X，娘 Y がいる。A は退職後，生まれ育った京都の家に戻って暮らしていたが，妻 B が亡くなり，子ども達 X・Y が高齢者の一人暮らしを心配したため，A は大阪に住む X 夫婦と同居した。しかし，X や X の妻とうまくいかず，結局，京都に戻り一人暮らしを始めた。数年後，東京郊外に住む Y は，A との電話のやりとりから，A の物忘れが徐々にひどくなっていることを認識し，一緒に医者に行ってみると，認知症の初期だと診断された。自信のなくなった A は，娘 Y がかわいいし，Y が一緒に暮らそう，お父さんの面倒は見るからと言ってくれるので，東京に転居することを決意した。

　そこで A は，生活費など迷惑をかけてはいけないと思い，京都の居宅を処分しようと考えた。しかし，X 自身も京都の家で育っており，愛着があったので，処分に反対した。認知症が進行すると，判断能力のないまま，損をする不動産売却をするかもしれず，心配もあって，A の成年後見開始の申立てをした。申立ての際に提出した医師の診断書では，A は認知症であり，財産処分に関する判断能力はないとされていたことから，

保全処分が認められ，後見開始の審判が出るまでの間，X が依頼した弁護士が財産の管理者に選任された（家事126 I）。

これに反発した A は，Y を後見人とする任意後見契約を結び，自分の知らない者が成年後見人になることを避けようとした。また京都の家の処分のことも考え，知り合いの弁護士に財産管理や処分を委ねる契約も結んだ。その上で，Y に全財産を相続させる旨の公正証書遺言を作成した。数か月後，A について成年後見開始の審判が出た。A の遺言は有効だろうか。

[2] 法的論点

1 遺言能力とは何か，その判断基準は何か。
2 成年後見開始審判の手続が進行している場合に，遺言を作成できるのか。
3 公正証書遺言の作成手続とその問題点。

[3] 基礎知識の整理と判例・学説を調べるポイント

遺言能力の相対性　遺言能力の定義は，遺言内容を理解し，遺言の結果を弁識しうるに足る意思能力である。民法には，15 歳以上であれば遺言能力があるとし（民961），遺言には行為能力の規定が適用されない（民962），さらには成年被後見人も事理を弁識する能力を一時回復した場合は，医師 2 人以上の立会いの下に遺言することができる（民973）という規定があることから，遺言能力は，財産行為に関する意思能力ほど高度でなくてよいと理解されていた時期もある。

しかし，財産行為についてもその意思能力の程度はさまざまである。贈与であれば，相手方に財産を与えることの意味がわかればよいが，金額によっては，周囲の関係者に与える影響の認識も必要である。売買であれば，双務契約として対価的な債務が発生するのだから，利害得失の合理的な判

断ができる能力が欠かせない。多額の借金や抵当権の設定になると，返済できなかった場合のリスクを認識できる能力が必要になる。したがって，遺言もその内容の難易度に応じて，遺言能力の程度も異なるのである（相対性）〈→377頁〉。

遺言能力の判定基準　上述のような相対性を前提に，遺言能力はあらゆる事情を総合的に考慮して，その有無が判定される。例えば，東京地裁は，次のように説示する。「遺言能力の有無は，遺言の内容，遺言者の年齢，病状を含む心身の状況及び健康状態とその推移，発病時と遺言時との時間的関係，遺言時と死亡時との時間的関係，遺言時とその前後の言動及び精神状態，日頃の遺言についての意向，遺言者と受遺者との関係，前の遺言の有無，前の遺言を変更する動機・事情の有無等遺言者の状況を総合的に見て，遺言の時点で遺言事項を判断する能力があったか否かによる」（東京地判平16［2004］・7・7判タ1185・291）。

総合判断説といわれているが，単純に遺言者の精神状態だけでは判断しないのである。したがって，認知症が始まりつつある高齢者でも，認知症に罹っているからというだけでは，遺言能力は否定されない。**ケース12**では，遺言の内容の難易度，財産の価額，そして上記のような総合的な事情から，Aの遺言能力の有無を判断することになる。

成年後見開始審判手続中の行為能力　申立てから成年後見開始の審判が出るまでに，判断能力の低下した人本人の財産を保全するために，特に必要があるときは，家庭裁判所は，申立てに基づき審判前に財産の管理者の後見を受けるべきことを命ずることができる（家事126Ⅱ）。仮の命令ではあるが，本人の行為能力は制限される。したがって，**ケース12**で，こうした命令がされていれば，Yとの間で締結された任意後見契約も，知り合いの弁護士との間で締結された財産管理及び処分の委任契約も，本人自身の行為能力が制限されているため，取り消されることになる。問題は，そうした人でも遺言能力があるかどうかである。

成年後見開始の審判が出た後は，前述の民法973条に従って，遺言能力が認められる場合があるが，審判が出る前なので，前述の総合判断説に立って，遺言能力の有無が判定されることになる。

公正証書遺言の作成手続　自筆証書遺言は，前文・日付・氏名を自書し，押印することが要件だが（民968），作成時に遺言能力があったかどうかをこれらの要件から判定することは難しい。秘密証書遺言（民970）も，封入された遺言書を作成した時に遺言能力があったかどうかは不明である。一番確実であるのは，公正証書遺言である。その作成手続は，(**a**) 証人 2 人以上が立ち会う，(**b**) 遺言者が遺言の趣旨を公証人に口授する，(**c**) 公証人が筆記し，これを遺言者及び証人に読み聞かせ又は閲覧させる，(**d**) 遺言者及び証人が筆記の正確なことを承認して，署名，押印する，(**e**) 公証人が右方式に従って作成したことを付記し，署名，押印する（民969）。(**b**) が先行し，(**c**)・(**d**) があるのだから，証人・公証人が遺言者の遺言能力と遺言意思を確認することができる。

　ところが，判例は，(**b**) の口授と (**c**) の筆記及び読み聞かせが逆になった事案で，遺言者の真意を確保し，その正確さを期するため遺言の方式を定めた法意に反するものではないとして，当該公正証書遺言は有効であるとした（最判昭 43[1968]・12・20 民集 22・13・3017）〈→388 頁〉。その結果，関係者があらかじめ作成した書面を，公証人が遺言者の前で読み上げ，遺言者がそれを了承する形で公正証書遺言が作成されるという実務を生み出してしまった。遺言で利益を受ける者が誘導したかもしれない書面でも，公証人に遺言書作成を依頼したのが本人でなくても，最終的に，遺言者の了承としての「口授」があれば，遺言は有効なのである。判例は，口授について，うなづくだけであったり，「はい，そうです」「それでよい」「はい，はー」といった簡単な応答では，口授とはいえないとし，遺言者の真意の確保が可能な事情があるかを確認する傾向があるが〈→389 頁〉，公正証書遺言の本来の役割・信頼を低下させている。

[4] ケースの解決

　以上の整理を踏まえると，成年後見開始審判手続中に作成された遺言であっても，判例によれば，総合的な事情を考慮して遺言能力の有無を判定できることになる。

まず遺言の内容である。全財産を Y に相続させるのだから，単純であり，財産を無償で与える旨の認識があれば遺言能力があると判断してよい。しかし，京都の住居など高額の財産の場合には，なぜそうするのかの理由や，他の相続人がどう思うかなどの認識が必要である。**ケース 12** の場合には，東京の娘のところで世話になるので，財産的に迷惑をかけたくないという理由がある。この他，子 X に生前，相当の財産を与えていたり，一定の配慮をしていれば，今回の遺言による X の不平・不満も織り込みずみといえ，不自然なものではない。

次に遺言作成に当たり，受益者となる Y の関与があったかどうかである。これは証明が難しい。前述の理由の自然さなどだけでは判断できない。こうした事態に耐えられるのが公正証書遺言である。受益者や相続人は証人にはなれないから（民974），Y はその場に立ち会えない。こうした状況の下，A が遺言内容を口授し，公証人が筆記し，それを読み聞かせ間違っていないことを A が確認する方式であれば，Y の関与は否定される。先に作成された書面を読み上げる（**(c)**→**(b)**）の形式であっても，公証人が遺言者に対して，相続財産の範囲，相続人の数，遺言作成の理由などをオープン・クエッションの形で質問しながら作成すれば，遺言者本人の遺言能力や他者の介入の有無などを確認することができる（東京高判平10［1998］・2・18 判タ 980・239）。**ケース 12** でも，公証人がそうした方式をとったかどうかが重要である。

[5] 課　題

判断基準　予防法学的見地からは，判例の総合判断説に立ちつつ，一定の基準・目安が必要である。例えば，次のような基準はどうだろう。

(1) 受遺者・受益相続人に対象財産を取得させることを認識していること。

(2) 対象財産が高額になる場合には，自己の財産の状態と範囲を認識していること。遺言の結果生じる影響が大きいのだから，単に財産を取得させることの理解では足りず，どのような財産を誰にどれだけ与えようとし

ているかの認識が必要である。

(3) 上記 (2) の場合には，遺言をすることによって，相続人から不平・不満が生じる可能性を認識していること。遺言の結果生じる影響の大きさへの配慮である。

(4) なぜ特定の者に多額の財産を与えるかの理由・動機に納得しうるものがあること，ないしは不自然でないこと。基準 (2)・(3) を受けて，その理由が説明できることが必要。遺言者が正常な精神状態であれば，行わなかったような遺言ではないこと。遺言者が周囲の影響から独立して，自発的に遺言を作成したことであり，遺言者の真意性を表す証拠の 1 つともなる。

(5) 遺言者の真意性。形式的には，遺言能力の有無と遺言者の真意は切り分けて考察できるが，自己の真意を表現できる力は，遺言能力の重要な判断基準になる。本人の真意が反映しているかどうかの観点からの検討であり，(4) も真意性の確保に関係する。この他，複数の遺言ないし遺言草案がある場合には，内容が首尾一貫していることも真意性の確保につながる。

鈴木眞二教授は，次のように述べていた。「遺言をするのは，自己の財産および身分状態を認識し，遺言するとそれをどう変えられるかを理解し，そうしたほうがよいと判断し，その判断を表現する力が必要であろう」と (鈴木眞二「高齢病者の遺言能力」ケース研究 235 号 (1993) 44 頁)。

医師の診察の記録や診断書は，紛争が生じた場合に，遺言能力判断の有力な材料ではあるが，それだけで遺言能力が肯定されるわけではない。相反する診断書・鑑定書が複数存在する場合もあり，実際には，紛争に巻き込まれることを怖れて医師の協力が得にくい場合もある。

遺言実務に詳しい大塚弁護士は，「従来から本人と十分な面識があって，客観的に見ても遺言能力に一抹の不安もないケースを除いては，原則として後日のために，医師の診断書によって遺言能力がある旨の立証を求めている。さらに，私が本人の遺言能力にたとえわずかでも不安がある場合には，単に診断書というだけではなく，診断医師として精神科の医師を指定したり，少なくとも長期間本人を診察している『かかりつけ』の医師で，後日の証人尋問にも耐えられる医師の診断書を求めたりしている」(大塚・後掲参考文献 81 頁) とされている。

公証実務の変化　法務省の通達がある（平12[2000]・3・13法務省民一634号民事局長通達第一・2・(1)　ウ）。後日遺言者の遺言能力が裁判等で争われたときのために証拠を保全し，公正証書作成当時，遺言者は遺言能力を有していたと認定した根拠を明らかにできるように，遺言公正証書の作成経過等をできる限り詳細に記録し，公正証書とともに保存しておく必要があるとする。

公証人の実践例がある（町谷雄次「公正証書にかかわる余話——遺言能力」登記インターネット103号（2008）118～119頁）。遺言者の来所日時，回数，同行者の氏名，作成時の遺言者の言動（住所，氏名，生年月日，家族の氏名・続柄を正確に言えたかどうか，面接中の所作の状況等），健康状態（視力・文字の判読，聴力・対話の応答の可否，病気の有無（病歴を含む）と診断書の有無・治療状況，日常生活への支援の有無，介護の要否・程度等を含む）及び遺言の動機（自発的若しくは誰に勧められた）と遺言の内容（自分で決めた若しくは〇〇と相談した等）などを一覧表にまとめ，保存することにしているとされる。

予防法学の方向　自己に残された能力を最大限に用いて家族関係に配慮し，後顧の憂いなきようにしておきたいという遺言者の最終意思を活かす道を確保すべきである。しかし，それは遺言能力の基準を低く捉えることによって図るべきではない。専門医または「かかりつけ」の医師の診断書を準備して，遺言能力を確認したり，公正証書遺言を用いて，公証人及び証人2名の面前で遺言者が口授する，あるいは少なくとも公証人の質問に応える形で，口頭で遺言内容を述べ，筆記の正確さを承認し自署する過程の中で，遺言能力を確認することによって図られるべきであると考える。

■**参考文献**
- 鹿野菜穂子「遺言能力」『新家族法実務大系④』（新日本法規，2008）52～70頁。
- 大塚明「実務から見た高齢者の遺言と『遺言能力』」久貴忠彦編『遺言と遺留分　第1巻　遺言［第2版］』（日本評論社，2011）75～96頁。
- 二宮周平「認知症高齢者の遺言能力」中川淳先生傘寿記念論集『家族法の理論と実務』（日本加除出版，2011）767～792頁

第13講　遺言の解釈
　　——文言の不十分さと遺言者意思の探求

＊第 13 講で考えること

遺言者はあらゆる事態を想定して遺言をするとは限らない。例えば，「相続させる」旨の遺言において受益相続人が自分より先に死亡した場合，受益相続人に帰属すべきだった財産はどうなるのか，遺言書にこれに関する条項がない場合，遺贈であれば，民法 994 条により遺贈は失効するが，「相続させる」旨の遺言については，民法の規定がない。遺言者は何を望んでいたのか，あるべき条項がないことも含めて，遺言書の文言の不十分さをどのように解釈によって補うことができるのかを検討する。

[1] ケース 13

　夫 A と妻 B との間には，息子 X，娘 Y がいる。X は勤務先退社後，1, 2 年は A の会社で働くが，喧嘩をして会社を辞め家を出たため，Y が結婚をせず家に残り，A の事業を支えた。A の体調が悪くなった 1990 年頃から 2012 年 7 月に A が亡くなるまで，実質的な A 社の経営者だった。一方 A・B 夫婦と X は絶縁状態にあった。

　1998 年 4 月 23 日，A・B は将来のことを考えて，公証人役場に赴き，遺言内容を口授する方式で公正証書遺言を作成した。

　A の遺言は，
1 条　不動産　甲・乙・丙については，妻 B と Y に各 2 分の 1 相続させる。
2 条　K 銀行の預貯金については，妻 B と X に各 2 分の 1 相続させる。
3 条　自社株については，Y に全部相続させる。
4 条　上記 1 条から 3 条記載の財産を除くすべての財産を妻に相続させる。

という 4 か条と遺言執行者の指定から成る。

B の遺言は，
1 条　郵便貯金については，X と Y に各 2 分の 1 相続させる。
2 条　不動産　丁，自社株，その他すべての財産については，Y に相続させる。

という 2 か条と遺言執行者の指定から成る。

　その後，Y は，2001 年に脳梗塞で倒れた A の入院中および自宅での介護を継続し，2006 年には，A の成年後見人となった。B も高齢で認知症が始まったため，Y が 2005 年頃から 2012 年 1 月に亡くなるまで自宅での介護を継続した。これに対して，X は，Y から A が倒れたり，B の認知症の話を聞いたにもかかわらず，見舞いもせず，介護に一切かかわらなかった。

　A が亡くなったので，A の遺言の効力が問題になった。それは 1 条，2 条，4 条で妻 B が受益相続人になっているが，B が A より先に死亡していることから，民法 994 条に準じて妻 B への部分が失効し，指定された財産は遺産分割の対象財産となり，法定相続人として X が，これらの財産について 1/2 の権利があるかどうかである。

[2] 法的論点

❶　「相続させる」旨の遺言はどの点で遺贈と違い，どの点で遺贈と同じに扱われるのか。
❷　受益相続人が遺言者より先に死亡した場合の遺言の効力（民法 994 条は「相続させる」旨の遺言に適用されるのか，代襲相続が認められるのか）。
❸　遺言はどのように解釈すべきか。

[3] 基礎知識の整理と判例・学説を調べるポイント

　「相続させる」旨の遺言　　判例によれば, (**a**) 遺贈と解すべき特段の事情がない限り, 特定の相続人に特定の財産を取得させるべきことを指示する遺産分割方法を定めたものであり, (**b**) 相続による承継を当該相続人の受諾の意思表示にかからせたなど特段の事情がない限り, 何らの行為をも要せず, 被相続人死亡時に, 直ちに当該遺産が当該相続人に相続により承継される (最判平 3[1991]・4・19 民集 45・4・477)〈→408 頁〉。受益相続人が指定された財産の取得を望まない場合には, 相続放棄で対応する, したがって, 指定された財産以外の財産の承継も認められない。

　その後, 判例で確認されたことは,

　(1) 相続人間の公平性を図るために, 受益相続人について, その財産を特別受益として扱う (広島高岡山支決平 17[2004]・4・11 家月 57・10・86)。

　(2) 当然承継が原則だから, 遺言執行の余地はなく, 遺言執行者は登記義務者にならないが (最判平 7[1995]・1・24 判時 1523・81), 単独登記以前に他人名義で登記がなされていたような場合には, 遺言の実現が妨害されているから, 遺言執行者が真正な登記名義の回復を原因とする所有権移転登記手続を求めることができる (最判平 11[1999]・12・16 民集 53・9・1989)。

　(3) 「相続させる」旨の遺言によって取得した不動産の所有権または共有持分権を第三者に対抗するためには, 登記は不要である (最判平 14[2002]・6・10 判時 1791・59 頁)。

　(4) 遺留分を侵害された相続人は遺留分減殺請求ができ, 減殺の順序は遺贈と同列になる (東京高判平 12[2000]・3・8 判時 1753・57)。

　受益相続人に特別な利益を与える側面では, 遺贈と同じに扱い ((1)・(4)), 受益相続人への権利の移転に関しては相続と同じに扱う ((2)・(3))。

　受益相続人が, 被相続人より先に死亡していた場合の扱い　　受益相続人に特別な利益を与える側面では, 遺贈と同じに扱ってきたのだから, 遺贈と同じと考え, 民法 994 条を適用する説がある。登記先例は, 受益相続人 A が被相続人死亡時点ですでに死亡していた場合には, 受益相続人である A に代わって, A の子 B に相続させる旨の文言がない限り, 遺贈

と同視して，遺言が効力を失うとしていた。

　最高裁は，遺言者は，推定相続人（受益相続人のこと）との関係においては，身分関係，生活関係，現在及び将来の生活状況及び資産その他の経済力，特定の不動産その他の遺産についてのかかわり合いの有無等諸般の事情を考慮して遺言をするものであり，このことは「相続させる」旨の遺言の場合も同じであり，「通常，遺言時における特定の推定相続人に当該遺産を取得する意思を有するにとどまるものと解される」から，推定相続人が遺言者の死亡以前に死亡した場合には，「当該『相続させる』旨の遺言に係る条項と遺言書の他の記載との関係，遺言書作成当時の事情及び遺言者の置かれていた状況などから，遺言者が，上記の場合には，当該推定相続人の代襲者その他の者に相続させる旨の意思を有していたとみるべき特段の事情のない限り，その効力を生ずることはないと解するのが相当である」とした（最判平 23[2011]・2・22 民集 65・2・699）。

　したがって，具体的な事案において，当該推定相続人の代襲者その他の者に相続させる旨の意思を有していたとみるべき特段の事情があったかどうかが問題となる。

　遺言の解釈　　ケース 13 では，遺言書には，受益相続人が遺言者より先に死亡した場合における対象財産の帰属に関する条項がない。条項がないことを含めて，遺言者がどのような意思を有しているかを解釈する必要がある。ケース 13 では，受益相続人 B の代襲者は法定相続人の X・Y だから，代襲者ではなく，その 1 人である Y のみに相続させる意思を有していたかどうかが問題となる。

　遺言の解釈に関する判例法理は，大審院以来，遺言は近い将来における死亡を予期し，あるいは死期が迫って作成するものだから，人の最終意思を尊重すべきであるという視点から，(a) 遺言者の真意を探求すべき，(b) 遺言書に用いられた文言を形式的に判断するのではないとする。さらに真意を探求する方法について，(c) 文言以外の外部的な事情（遺言書作成当時の事情及び遺言者の置かれていた状況）も考慮し（最判昭 58[1983]・3・18 家月 36・3・143），解釈の方向性について，(d) 可能な限り有効となるよう解釈すべき（最判平 5[1993]・1・19 民集 47・1・1）とする。

こうした判例法理の適用例として，「すべてを公共に寄與する」という遺言について，複数の遺言を関連させて，受遺者の特定に欠けるところはないとして有効としたり（前掲最判平 5·1·19），「遺言者は法的に定められたる相続人を以って相続を与へる」という文言について，「法律の専門家でなかった」遺言者の意思は，虚偽の嫡出子出生届をして戸籍上実子として記載されている長男に遺贈する趣旨だったと解釈した例（最判平 17 [2005]·7·22 家月 58·1·83）などがある。

[4] ケースの解決

　前提となる事項　遺言の要式性や遺言能力に問題のある場合に，遺言者の真意を探求することは，自制すべきである。高齢者が加齢に伴う判断能力の低下や無思慮のために遺言を作成することがあり，そうした遺言について恣意的な解釈をしたり，遺言者が正常な判断能力があれば，しなかったであろう遺言を有効とするおそれがあるからである。しかし，**ケース 13** では，公正証書遺言であり，その際に遺言能力も確認されているので，不十分な文言について遺言者の真意を探求すべきこととなる。

　真意を明らかにする事情　まず遺言書作成当時の事情，A の置かれていた状況である。X とは絶縁状態である。Y は A の体調が悪くなった 1990 年頃から遺言作成時の 1998 年 4 月頃まで A 社の後継者として経営に関わり，実質的な A 社の経営者だった。A の遺言内容からは，事業経営をしている Y に不動産，自社株を残す，妻 B の老後を考えて預金，その他の財産を遺す，他方で絶縁状態にある X についても，子としての一定の配慮をし，預金の 1/2 を遺すという趣旨が読み取れる。

　他方，B の遺言を見ると，X には郵便貯金の 1/2 だけを残し，B が A の相続によって得た財産も含めてすべてを Y に残すという趣旨が読み取れる。つまり，A の遺言は B の遺言と関係させて解釈すれば，X には指定された預貯金の 2 分の 1 を相続させ，残りは，B と Y に相続させ，B 死後はすべて Y に相続させる趣旨と見ることができる。

　B が A より先に死亡したのだから，A が「妻 B」と書いていた部分

を「Y」と修正しておけば，問題は生じなかった。しかし，A は成年被後見人であり，事理弁識能力を回復していない以上，遺言能力がないのだから，遺言書を作成し直すことができなかった。そこで，上記の趣旨が，遺言書作成後の事情によってもなお維持できるものかどうかを確認する必要がある。遺言書作成後，Y は，2001 年に脳梗塞で倒れた A の入院中及び自宅での介護を継続し，2006 年には，A の成年後見人となり，A の財産管理の責任も負ったのに対して，X は，A の見舞いもせず，介護にも一切かかわらなかった。B との関係でも介護に尽くしたのは Y であり，X は見舞いすらしていない。こうした遺言書作成後の A・B と X・Y の関係を見ると，事業経営のみならず，介護という新たな事情も加わっており，上記の趣旨を変更・修正する必要がないばかりか，その趣旨がより一層明確になったと判断することができる。

結 論 それにもかかわらず，B が A より先に死亡したことによって，A の遺言書 1，2，4 条を失効させることは，遺言者の真意に反する。それ以上に，法の専門家ではない A は，一般的に年上で男性の自分が先に死亡し，その後に B が死亡することを前提に，A・B がそれぞれ遺言書を作成しておけば，B を経由して，指定した預貯金 1/2 以外はすべて Y に渡るものと考えており，B が A より先に死亡すれば，上記の条項が失効するという法的な意味を認識していなかったというのが実情であろう。遺言書を作成し直すことも不可能だったのだから，当該条項の文言を形式的に判断し，失効させるべきではない。

X には遺留分が保証されており，遺留分減殺請求をすることによって，共同相続人としての利益を確保できるから，上記解釈は相続人間の公平を図るとされる相続秩序に反するものとはいえない。

以上のことから，A の遺言は，X には指定された預貯金の 2 分の 1 を相続させ，残りは，B と Y に相続させ，B 死後はすべて Y に相続させる趣旨と見ることができる。したがって，不動産甲・乙・丙，K 銀行の預貯金の 1/2，1 条から 3 条記載の財産を除くすべての財産は，Y に帰属し，X は K 銀行の預貯金の 1/2 を取得するにとどまる。

[5] 課題

　最判平 23・2・22 は,「相続させる」旨の遺言について,受益相続人が遺言者より先に死亡した場合について,原則として代襲相続を否定したものと位置づけるべきではない。判決は「当該推定相続人の代襲者その他の者に相続させる旨の意思を有していたとみるべき特段の事情」と説示しており,受益相続人の代襲者に限定しておらず,遺言者がどのような意思を有していたかに着目している。つまり受益相続人が遺言者より先に死亡した場合についての「遺言の解釈」の問題と位置づけているのだから,個別の事案について,総合的な事情を考慮して遺言者の最終意思を探求する中で,有効・無効が判断されることになる。

　こうした総合的な事情判断は,事案の個別事情,裁判官の裁量,弁護士の主張・立証の仕方などによって結論が左右されることがあり,法的安定性は乏しい。したがって,ここでも予防法学が必要である。すなわち,遺言書に,受益相続人が遺言者より先に死亡した場合における対象財産の帰属に関する条項（例えば,**ケース 13** では,「B が A より先に死亡した場合には Y に相続させる」という条項）を設けておくことである。遺言書作成に関わる専門家,信託銀行などの常識である。

■参考文献
- 吉田克己「遺言による財産処分の諸方法・諸態様と遺産分割」『新実務家族法大系③』（新日本法規,2008）212〜248 頁。
- 浦野由紀子「遺言の解釈」久貴忠彦編『遺言と遺留分 第 1 巻 遺言［第 2 版］』（日本評論社,2011）315〜334 頁。
- 浦野由紀子・判批・法学教室 372 号（2011）48〜52 頁。

第14講　債務を相続させる旨の遺言と遺言執行——想定外の問題への対応

＊第 14 講で考えること

法律は時々，想定外の問題に直面することがある。裁判官は，先例や学説がなくても法律を解釈して結論を示さなければならない。学説は，後からそれを批判する。その批判によって解釈が深まり洗練されていくことがある。債務の相続を特定の相続人に指定する遺言の有効性，遺言執行者の権限を素材に，学説からの判例批判を検討する。

[1] ケース 14

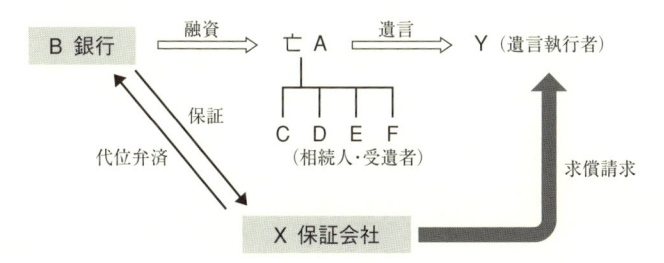

```
B 銀行  ──融資──▶  亡A  ──遺言──▶  Y（遺言執行者）
  ▲               ┌─┼─┬─┐              ▲
  │保証            C D E F              │
  │代位弁済       （相続人・受遺者）      │求償請求
  ▼                                     │
X 保証会社 ──────────────────────────────┘
```

　1990 年 3 月，A は B 銀行から 3 億 8000 万円の融資を受けるに際して，自己の不動産に 4 億 5600 万円の根抵当権を設定するとともに，X 保証会社との間で保証委託契約を結んだ。1996 年 3 月，A が亡くなった。A の相続人は，子 C・D・E・F である。A は，1995 年 12 月に自筆証書遺言を作成していた。A は絵画を収集しており，絵画を 4 つのグループに分けて C ら 4 人に遺贈すること，Y を遺言執行者とすること，A が夫から相続した財産および絵画以外の A の固有財産について，「私の保有する一切の資産負債を E・F に対し相続させる」ことなどが遺言の内容だった。

　A の相続人 C らは，A 死亡の 1996 年 3 月分から上記ローン（毎月314 万 7097 円）の返済を延滞した。そこで，B 銀行は，1999 年 7 月に

履行を督促したが，C らが支払わなかったため，C らは期限の利益を失った。同年 11 月，X は B 銀行からの保証債務の履行請求に基づき，上記融資の債務残額（元金，利息，損害金）3 億 376 万円を代位弁済した。X は上記根抵当権を実行したが，バブル経済崩壊後の大幅な不動産価格の値下がりのため回収できなかった求償金 1 億 5224 万円と遅延損害金について，2001 年，支払いを求める訴訟を提起した。

ところで A が亡くなってから訴訟提起まで約 5 年間，Y は遺言執行をしていない。絵画や亡 A の財産をそのまま保管している。そこで X は債権回収の便宜を考え，遺言執行者 Y を被告とした。遺言執行者に当事者適格が認められるだろうか。

[2] 法的論点

> **1** 資産負債一切を相続させる旨の遺言の効力。
> **2** 遺言執行者の権限と相続人の権限の優劣。
> **3** 遺言執行者には債務を弁済するために，相続人の財産を処分する権限もあるのか。

[3] 基礎知識の整理と判例・学説を調べるポイント

遺言の執行　遺言執行は，遺言者の死後に遺言内容を実現することであり〈検認・開封・選任・欠格・就職の承諾・解任などにつき→413 頁〉，遺言執行者は就職すると，(**a**) 財産目録を調製して相続人へ交付する（民 1011）。(**b**) 遺言執行者は，相続財産の管理その他遺言の執行に必要な一切の行為をする権利義務を有する（民 1012 I）。(**c**) 遺言執行者は相続人の代理人（民 1015）であり，遺言執行者が行った法律行為の効果は直接，相続人に帰属し，委任契約の受任者に関する規定が準用される（民 1012 II）。

遺言執行者の権限　(**b**) との関係で，遺言執行者がある場合には，相続人は，相続財産の処分その他遺言の執行を妨げるべき行為をすることが

できない (民1013)。遺言の内容が不特定物の特定遺贈,特定財産を処分した中から一定の金額を与える遺贈,分数的割合による包括遺贈,残余遺贈などの場合には,遺言執行者が目的物を特定したり,特定した財産を換価したりする必要があるために,受遺者に帰属すべき財産よりも広範囲の相続財産について管理・処分権を行使することになる。本来,相続人は,遺贈の目的の範囲外の財産について相続権を有しているが,遺言の執行を妨げる行為をすることができないことから,執行が終わるまでは,広範な相続財産について管理・処分権を行使することができない〈→418頁〉。

したがって,判例は,遺言執行者がある場合になした相続人の処分行為は無効であり,受遺者は,遺贈による目的不動産の所有権取得を登記なくして右処分行為の相手方である第三者に対抗することができるとする (最判昭 62[1987]・4・23 民集 41・3・474)。

もし債務の弁済も遺言執行者の権限だとすると,相続人は債務の弁済についても制限され,遺言執行者にまかせることになる。遺言執行者は債務を弁済しなければならないのだから,管理する相続財産から適宜,財産を処分して弁済のために必要な資金を調達することまでできるのかどうか。この点について,明示した判決や学説はなかった。[4] で検討する。

債務の相続と遺言による指定 判例は,可分債務について,相続開始と同時に各相続人に法定相続分に応じて分割承継されるとする (最判昭 34[1959]・6・19 民集 13・6・757)。しかし,相続人は遺産分割に際して,特別受益を含めて多額の相続財産を承継した者がより多くの債務を負担したり,事業後継者が事業用の多額の資産を取得する代わりに,債務も単独で承継するなどの協議をすることができる。また最高裁は,相続人の 1 人に対して財産全部を相続させる旨の遺言がされた場合には,特段の事情のない限り,当該相続人が相続債務もすべて承継したものとする (最判平 21[2009]・3・24 民集 63・3・427)。相続人間においては,こうした協議や遺言も有効である〈→362 頁〉。

ただし,上記の協議や遺言は,相続債務の債権者の関与なくしてなされたものだから,相続債権者に対しては,その効力は及ばない。相続債務は法定相続分に応じて各相続人に承継されていることから,各相続人は,相

続債権者から法定相続分にしたがった相続債務の履行を求められたときには，これに応じなければならない。しかし，相続債権者の方から，相続債務についての分割協議，遺言による相続分の指定や包括遺贈の効力を承認し，各相続人に対し，分割協議の負担割合や指定相続分などに応じた相続債務の履行を請求することは妨げられない（相続させる旨の遺言に関して，前掲最判平 21・3・24 が説示）。

上記最判の説示によれば，財産全部を相続する相続人が相続債務もすべて承継するという趣旨の遺言の効力を債権者が承認すれば，債権者との関係でも有効となることを意味する。ケース 14 では，債権者が遺言執行者に債務の弁済を請求する前提として，A の遺言により，E・F が相続債務を承継したことを承認する必要がある。

[4] ケースの解決

判例の解決　ケース 14 の元になった第 1 審東京地判平 14[2002]・10・2 金法 1671・54 および控訴審東京高判平 15[2003]・9・24 金法 1712・77 の解釈を紹介する。

第 1 審は，亡 A の遺言内容から，「亡 A が負担していた債務の弁済も遺言執行者が遺言の内容を実現するために一応の必要性，関連性が認められる行為と解することもできる」として Y に被告適格を認め，遺言執行者に被告適格が認められるのは，「相続人が民法 1013 条により相続財産についての管理処分権を失い，その管理処分権が遺言執行者に帰属することになった結果であることからすると，Y に当事者適格を肯定したとしても」，相続債務の分割承継の原則に反するものではないとする。つまり，可分債務は法定相続分に従って分割承継しているが，民法 1013 条により相続人は相続財産についての管理処分権を失い，管理処分権は遺言執行者に帰属しているのだから，債務の弁済も遺言執行者が行うことができるので，被告適格が認められるということである。ここでは，前提となる遺言の効力が確認されておらず，また弁済のためにどのような権限が遺言執行者にあるのかも言及されていない。

この訴訟の被告（控訴人）は，遺言書には負債を返済するための原資となる財産の売却に関する具体的指定文言がないから，相続債務の返済は遺言執行者の管理処分権に含まれないと主張した。これに対して控訴審は，負債額に見合う現預金が不足するときは，「相続財産を適正に処分して，その処分代金の中から同債務の弁済を行わざるを得ず，売却物件の選択，処分価格の定め方，売却方法等をめぐって困難な事態が生ずることも予想される」が，「遺言の中に相続債務を特定の相続人に相続させる文言がある以上，遺言執行者にこれを執行するための処置を講ずべき権限及び義務があると解されるのであり」，上記困難があるとしても不可能ではないとし，控訴人の主張をもってしても，遺言執行者の被告適格を否定する合理的根拠にはなり得ないとした。被告適格を肯定するための理由づけではあるが，遺言執行者にこれを執行するための処置を講ずべき権限及び義務がある以上，相続財産を適正に処分して，その処分代金の中から同債務の弁済を行うことができると説示している。
　どちらも，債務の承継まで指示した遺言の効力には言及していない。第1審で被告が指摘したように，可分債務の分割承継の原則との整合性について，前提の問題として確認しておく必要がある。それは［3］で述べたとおりである。XがYに弁済を求める以上，XはAの遺言の効力を承認していたことは明らかであるとしても，確認は不可欠である。
　上記判例では，E・Fは絵画以外の財産も取得したが，不動産は根抵当権実行によって失っており，残された財産で価値のあるものは絵画になる。債権者が遺言による債務の承継を承認したのだから，他の相続人C・Dは債務の承継を免れ，絵画を債務の弁済に供する必要もない。遺言者が特別に利益を与えたいと思っていたE・Fが，不動産価格の暴落など想定外の事態によって，かえって不利益を被る結果となった。前掲最判平21・3・24のように全財産を相続させる，その代わりに債務も全部承継させるという趣旨の遺言以外は，特定の相続人に債務を承継させる遺言を作成することについて慎重であるべきではないだろうか。
　さて学説はどう批判しているか，［5］で紹介する。

[5] 課題

問題点　上記の遺言の効力を債権者が承認した場合には，遺言執行者に債務を弁済する権限が生じ，その結果，被告適格が認められることになる。学説が問題にするのは，遺言執行者には，債務の弁済のためとはいえ，相続財産を処分する権限があるのかどうかである。控訴審はいとも簡単に肯定しているが，相続人は弁済はおろか，弁済のために処分すべき財産を自ら選ぶことすらできないことになる。遺言者は，絵画を子らに残したいからこそ担保に供さなかった。この遺言者の意思を生かすことができなくなるかもしれない。

類似の制度の比較　伊藤教授は，限定承認手続が開始された後の遺産管理人と比較する。家庭裁判所は，相続人が数人ある場合には，その中から相続財産の管理人を選任しなければならないが（民936Ⅰ），利害関係人は，相続人による遺産管理を不安に思うならば，家庭裁判所に請求して，相続財産の保存に必要な処分を命じるように促し，そのような処分の1つとして，別の遺産管理人を選任してもらうこともできる（伊藤・後掲参考文献（『相続法』）397頁，民926Ⅱによる民918Ⅱ，Ⅲの準用）。

この場合，財産管理権は全遺産に及び，売却処分が必要な場合には，家庭裁判所の許可が必要である（民28）。限定承認後の遺産の換価処分は，限定承認した相続人が行い（民932, 933），遺産管理人は関与できない。それにもかかわらず，遺産管理人は，家庭裁判所から財産の管理および返還について相当の担保を立てさせられることもある（民29Ⅰ）。遺言執行者には，こうした規定がない。このことを捉えて，伊藤教授は，換価処分したりする権限がないからこそ，遺産管理人ほどには監視されないでよい，というのが民法に則した考え方ではないかと指摘する（伊藤・後掲参考文献（判批）113頁）。

遺言執行者の法的地位　[3]で見たように，遺言執行者は相続人の代理人とみなされる（民1015）。通説は，遺言執行者の行った法律行為の効果を相続人に帰属させるための論理と説明するが，伊藤教授は，民法1012条2項は，委任の規定を準用しており，遺言執行者は，文字どおり

相続人の代理人として，相続人全員に対して受任者としての義務を負うとする。代理人が代理権の授与がなくてもできる行為は，保存行為だけであり（民 103），処分権はない。したがって，債務の弁済のためとはいえ，遺言執行者には，相続人の同意なくして，相続人に帰属する相続財産を処分する権限はないといえる。

ケース 14 でいえば，遺言執行者 Y は，債務の承継を指定された E・F に対して，事情を説明し，どの財産を処分すべきか相談し，当該財産処分の代理権を授与されて初めて，X からの弁済請求に対応することができると解釈するのである。

慎重論の背景　日本民法は，債務を清算した残りを相続の対象とする構造ではない。相続人が積極財産・消極財産合わせて包括的に承継し，遺産を管理し，自己の財産も加えながら相続債務を弁済し，最終的に遺産分割によって遺産の帰属を確定する仕組みである。したがって，相続人の管理処分権を制約することに対して，慎重になる必要がある。

他方で，日本民法には，裁判で遺言の有効・無効を確認する方法以外に，遺言の真正性を担保する制度がない。公正証書遺言の作成が厳正になされても，後に作成された自筆証書遺言で簡単に撤回される構造である。したがって，遺言執行者が自己の権限を示す遺言が唯一正当なものである保障は何もない。そのような脆弱な法的根拠しかない遺言執行者に過大な権限を付与することはできず，遺言執行者は本人である相続人の意向を確かめながら，遺言執行の任に当たることが適切だと考えるのである。

■**参考文献**
- 伊藤昌司『相続法』（有斐閣，2002）136〜138 頁。
- 伊藤昌司・判批・判例タイムズ 1166 号（2005）108〜113 頁。
- 二宮周平「遺言執行者の権限と義務」『新実務家族法大系④』（新日本法規，2008）279〜297 頁。

第 15 講　遺留分減殺請求後の法律関係
―― 地裁・家裁の手続に求められるもの

＊第 15 講で考えること

民法は遺留分減殺請求に関して，減殺請求者と受贈者・受遺者の個別的な関係と捉えており，減殺後の共有関係の解消を地裁の共有物分割訴訟とする。しかし，相続人間における遺留分減殺請求は，多額の生前贈与や遺贈を受けた相続人とそうでない相続人の間での遺産の再分配の要求に近い。特別受益や寄与分を考慮して相続人間の公平に近づくためには，家裁の遺産分割手続が望ましい。紛争類型に応じて地裁と家裁で役割分担をすることができないのか，当事者にその選択を可能にする道はないのか検討する。

[1] ケース 15

被相続人 A の相続人は，妻 B，子 C・D・E・F・G・H である。C 以外は女子であり，C は中学卒業後，A の半農半漁の生活を手伝い，資産の増加に貢献してきた。A は資産のすべて（農地 6 筆，宅地建物 1 件）を C に遺贈する遺言を作成した。農地は首都圏近郊のため相当高額になった。

D はこの遺言に不満で，C に対して遺留分減殺請求をし，減殺の結果，不動産につき C と D の共有関係が生じたとして，D らの持分に基づき共有持分の移転登記を求めた。その後，C は農地の一部を売却し，約 2 億 2000 万の代金を得た。D はこの代金について，自分の共有持分権を故意に喪失させた行為だから，不法行為になるとして，持分相当の賠償も求める。これに対して，C は，D は大学教育を受け，婚姻に際しては A から相当の援助を受けたのだから，D らには特別受益がある，一方，自分は上記のように A の稼業に従事し，さらに A の介護も行い，少なく見ても 6 割の寄与分があるのだから，遺留分算定の基礎財産からはこの寄与分を控除すべきであり，さらに亡 A には数億円の債務もあると主張した。どのように解決すべきだろうか。

[2] 法的論点

❶ 包括遺贈の法的性質。
❷ 遺留分減殺請求後の遺留分権利者と受遺者の法律関係。
❸ 減殺請求をして取り戻した財産の分割手続。

[3] 基礎知識の整理と判例・学説を調べるポイント

包括遺贈　判例・通説は，遺産の全部または一定の割合で示された部分を与えるものを包括遺贈とする。そして相続人と同一の権利義務を有する（民990）ことから，受遺者は相続債務も承継する。相続人に対して割合による包括遺贈，割合による「相続させる」旨の遺言や相続分の指定があった場合などでは，相続人が特定の財産を取得するためには，相続人間でどの財産を当該相続人に取得させるのか遺産分割協議が必要となる。これに対して，遺産中の特定の財産を与える特定遺贈の場合には，取得の対象となる財産は特定されているので，遺産分割協議の必要はない。では全財産の包括遺贈の場合は，どうなるか〈→449頁〉。

遺留分と遺留分減殺請求　遺留分とは，一定範囲の相続人に対して，被相続人の財産の一定割合について相続権を保障する制度であり，相続人間の公平を保つ仕組みの1つである〈→423頁〉。被相続人による生前贈与や遺贈によって遺留分権利者の遺留分が侵害された場合に，遺留分権利者は当該生前贈与や遺贈について遺留分減殺請求をすることができ，その結果，遺留分を侵害する範囲で生前贈与や遺贈は効力を失う。

遺留分に関する計算方法を簡単に整理する〈→431頁〉。

(1) 各遺留分権利者の遺留分額＝遺留分の基礎となる財産の額×個別の遺留分率（民法1028条の総体的遺留分に各自の法定相続分をかけたもの）で算定される。

(2) 基礎となる財産＝①相続開始時に被相続人が有した積極財産＋②被相続人が生前に贈与した財産の価額－③債務の全額である（民1029Ⅰ）。

(3) 遺留分侵害額＝各遺留分権利者の遺留分額（(1)）−④相続によって実際に得た財産額（特別受益の受贈額や遺贈額も加える）＋⑤相続債務分担額（最判平 21［2009］・3・24 民集 63・3・427 参照〈→429 頁〉）。で算定される。

ケース 15 は，全財産の包括遺贈であり，受遺者 C 以外の相続人は遺留分が侵害されているように見えるが，上記の計算のように，例えば，亡 A に多額の相続債務があれば，(2) の基礎財産が小さくなり，その結果，(1) の各遺留分権利者の個別の遺留分額が小さくなる上に，D が生前に多額の贈与を受けていれば，④が過大となり，遺留分侵害額がマイナスになる場合もある。侵害額がマイナスであれば，侵害はないのだから，遺留分減殺請求はできない。そこで C は，亡 A に多額の債務がある，D には多額の特別受益贈与があったと抗弁し，遺留分侵害がない，もしくはあったとしても額は小さいことを主張したのである。ただし，そうした事実は C が証明しなければならない。

遺留分減殺請求後の遺留分権利者と受遺者の法律関係　判例・通説 は，遺留分減殺請求権は形成権であり，その権利の行使は受贈者または受遺者に対する意思表示によってなせば足り，いったん意思表示をすれば，法律上当然に減殺の効力を生ずる。すなわち，減殺請求権の行使により遺留分を侵害する贈与や遺贈は侵害部分につき失効し，贈与や遺贈が未履行のときは履行の義務を免れ，すでに履行されているときは，返還請求することができる〈→442 頁〉。遺贈・贈与の目的が特定物である場合には，目的物の権利は遺留分侵害の限度で遺留分権者に復帰する（物権的効果説）。全部財産の包括遺贈も目的物が特定されていると見れば，特定遺贈と同様に，目的物の権利は遺留分侵害の限度で遺留分権者に復帰することになる。

減殺請求をして取り戻した財産の分割手続　上記の物権的効果説によれば，減殺請求によって目的物の権利は減殺請求者に復帰するのだから，受贈者・受遺者が価額弁償を選択しない限り，減殺請求者と受贈者・受遺者は遺留分侵害額の割合で物権的な共有関係に立つ。判例は，特定遺贈について，減殺請求者と受遺者の個別的関係として物権法上の共有関係が成立し，遺産分割の対象にはならず，共有物分割手続によるとする（訴訟説）。そしてケース 15 の元になった事案において，全部包括遺贈も，特定遺贈の集

合したものとして理解し、遺産分割の対象にならないとする（最判平 8 [1996]・1・26 民集 50・1・132）。

これに対して、共同相続人間の遺留分減殺請求は、多額の生前贈与や遺贈を受けた相続人とそうでない相続人の間における実質的には遺産の再配分の問題だから、特別受益や寄与分を考慮しながら、遺産分割で処理すべきであるという考え方がある。これによれば、減殺請求した相続人が取り戻した財産は、被相続人の遺産に復帰して相続人間の共有状態になるので、その解消は、遺産分割手続によることになる（審判説→448 頁）。

なお相続分の指定、割合的な包括遺贈・相続させる旨の遺言については、単に割合が指定されているだけなので、実際に受遺者が個別の財産を取得するには、遺産分割が必要である。特定遺贈についても、当事者全員の合意があれば、遺産分割が可能とする。**ケース 15** では、遺留分減殺請求をしているのは D だけだが、E らも請求して、全員が合意すれば、遺産分割が可能になる。

寄与分の主張　　民法は寄与分を遺留分額算定の基礎としておらず（民 1044）、また家事審判事項としている（家事 39 別表第 2 ⑭）。多額の寄与分を認めると、遺留分の基礎となる財産が減少し、相続人間の公平を守る遺留分制度の趣旨に反するからである。**ケース 15** で、C は遺産の 6 割は自己の寄与分であり、これを控除した残額が遺留分減殺の対象となると抗弁したが、第 2 審判決は、寄与分は当事者の協議または家裁の審判により定められるものであり、遺留分減殺請求訴訟において、抗弁として主張することは許されないとした（東京高判平 3[1991]・7・30 判時 1400・26）。しかし、審判説では、遺産分割手続で共有関係を解消するのだから、寄与分を考慮することが可能になる。C の寄与分の主張に相当する事実が認められれば、減殺の対象となる財産の範囲やどの財産を減殺請求者が取得するかなど柔軟な解決が可能となる。

[4] ケースの解決

ケース 15 では、D に特別受益や寄与分がなく、亡 A の相続債務がな

いとすると，D の個別的遺留分率は，1/2 × 1/2 × 1/6 = 1/24 である。
ケース 15 の元になった事案では，第 1 審，控訴審，最高裁で異なった理由づけがなされた。

1. 第 1 審は，(**a**) 包括遺贈の場合，包括受遺者は相続人と同一の権利義務を有することから，包括遺贈に対する遺留分減殺請求がなされたときの法律関係は，遺言による相続分指定に対する遺留分減殺請求がなされたときの法律関係と同視されるべきだとする。(**b**) 後者の場合，減殺請求があると，相続分指定が当該相続人の遺留分を侵害する限度において効力を失って修正を受け，各共同相続人は，全遺産の上に修正された割合の抽象的な相続分を有するにすぎないから，(**c**) 個々の財産の具体的な帰属を確定するためには，遺産分割手続が必要であり，これがなされていない以上，D は本件不動産について共有持分権を取得しておらず，移転登記請求も損害賠償請求も認められないとした。

2. 控訴審は，一般論として，(**d**) 遺産分割手続前の遺産共有の状態において，相続人は遺産を構成する個々の不動産について，各相続分に従った共同相続登記を受けることが可能であり，相続人の 1 人が単独相続による所有権移転登記を受けているときは，遺産共有権に基づきその是正を求めることができるから，本件のように遺留分減殺請求により遺産共有状態になった場合も同様に，登記を是正することができ，本件土地の売却により共有持分権を喪失させたのだから，損害賠償請求も認められるとした。

3. 最高裁は，(**e**) 財産全部の包括遺贈に対する遺留分減殺請求があると，遺贈は遺留分を侵害する限度において失効し，受遺者が取得した権利は遺留分を侵害する限度で当然に遺留分権利者に帰属することから，遺産分割の対象となる相続財産としての性質を有しないとする。その理由として，財産全部の包括遺贈は，遺贈の対象とする財産を個々的に掲記する代わりにこれを包括的に表示する実質を有するものであり，その限りで特定遺贈とその性質を異になるものでないことをあげる。したがって，D の有する本件不動産に対する共有持分権は遺産分割の対象財産ではないから，共有持分権に基づき，所有権一部移転登記手続を求めることもできるし，共有持分権を侵害されているのだから，損害賠償を求めることもできると

する。

　以上の各審級の論理の内，(a)・(b) はそのとおりである。(c) 個々の財産の具体的な帰属を確定するためには，遺産分割手続が必要であることもそのとおりであるが，本件で争われているのは，遺留分減殺請求によって共有状態になった不動産に関する共有持分権の登記や，無断で処分された場合の損害賠償請求なのだから，この共有状態を，遺産分割前の相続人の共有状態と同じ物権的共有とすれば，(d) が正しい。最高裁の(e) は，遺留分権利者に帰属する権利は遺産分割の対象となる相続財産としての性質を有しないとして，物権的共有であることを明確にして，(d) の結論を強化したものといえる。

[5] 課　題

　判例は，「相続財産の共有は，民法改正の前後を通じ民法 249 条以下に規定する『共有』とその性質を異にするものではない」(最判昭 30・5・31 民集 9・6・793) としたにもかかわらず，共有を「通常の共有」と「遺産の共有」に二元化し，前者は訴訟，後者は遺産分割審判として，手続の二者択一論に直結させ，特定遺贈や全部包括遺贈の場合には，通常の共有として遺産性を否定し，訴訟によるべきとする。

　しかし，共同相続人間で遺留分減殺請求がなされた場合には，相続人間の遺産の分配をめぐる紛争であることから，遺産分割的な要素を持つと同時に，減殺請求した遺留分権利者と受遺者・受贈者との個別的な共有関係としての要素を持つ。したがって，まず相続人間の紛争であることを優先し，家裁の遺産分割調停・審判において，当該遺言の真実性・妥当性を確認し，相続債務や特別受益の有無，寄与分の考慮，事業承継の必要性，各共同相続人のかかえる事情などを総合的に考慮して，各相続人の遺留分額を算定し，当該遺言や生前贈与などによる遺留分侵害額を明らかにし，侵害された相続人に減殺の意思があるかどうかを確認し，その上で，遺贈や「相続させる」旨の遺言などの遺言処分を履行させる (占有や登記の移転) ことまで行うべきである。

こうした手続に納得できず，あくまでも遺言どおりの権利実現を求める者は，遺贈義務などの履行請求を訴訟で，またあくまでも減殺者と受益者との個人的な関係として，遺留分額を絶対的に確保しようとする者は，遺留分減殺請求を訴訟で行い，徹底的に争えばよい。手続は確かに二元化されているが，それは共有の二元化に対応するのではなく，紛争の解決の仕方に対応していると考える。

もっとも地裁で行う共有物分割手続も柔軟化されている。現物分割，換価分割の他に，共有者の 1 人が所有権を取得し，他の共有者には価額で償還する全面的価格賠償も可能である（最判平 8[1996]・10・31 民集 50・9・2563）。また遺留分侵害額の算定では，前述の計算方法のように具体的相続分を通じて得られる相続利益を考慮する必要がある（最判平 8[1996]・11・26 民集 50・10・2747）。民法 903 条の特別受益は家事審判事項ではないから，地裁で遺留分減殺訴訟が係属した場合，遺留分侵害額算定の際に，特別受益の贈与や遺贈の有無を審理することができる。したがって，寄与分を除くと，家裁で行われる遺産分割に限りなく近づいており，紛争解決の仕方としても，過去や将来の家族関係に配慮しながら遺産の分配を決めていけば，家裁との違いもほとんどなくなっていく。やがては手続の一元化が求められてくるのではないだろうか。

■参考文献
- 雨宮則夫「遺産分割手続における遺留分減殺請求の取扱い」判例タイムズ 964 号（1998）4〜10 頁。
- 島田充子「遺留分減殺請求と遺産分割事件の運営」久貴忠彦編『遺言と遺留分 第 2 巻 遺留分［第 2 版］』（日本評論社，2011）143〜169 頁。
- 二宮周平「共同相続人と遺留分および減殺後の法律関係」同上 193〜236 頁。

第16講　不貞の相手方の不法行為責任
　──法の役割と限界

＊第 16 講で考えること

不貞の相手方への慰謝料請求は，確実に賠償が認められることから，交通事故の賠償，債務整理と並んで法律事務所の 3 大ドル箱とまで言われている。不貞をされた夫または妻にとっては，相手方を懲らしめることができる。でも本当にそうなのだろうか。本書の最終講として，この問題を取り上げ，法の果たすべき役割とその限界について考える。

[1] ケース 16

　X 男（1947 年生）は，勤務先の新入社員 A 女（1963 年生）と知り合い，1985 年 10 月に婚姻した。86 年 7 月に B が誕生したが，X は多忙で，婚姻当初から深夜の帰宅が続き，A の妊娠後，A が妊娠性糖尿病になったこともあって，性的関係は全くなくなった。1990 年頃から，A は寂しさを紛らすために友人とカラオケで楽しむようになり，X もそれで気がすむならばと放任した。91 年 12 月頃，行きつけの店で，妻と不和になっていた Y（1948 年生）と知り合った。二人はお互いの状況が似ているため同情もあり，親しく話をするようになり，やがて 95 年 12 月末，初めて性的関係を持った。

　96 年 11 月，Y は協議離婚したが，病弱の母および子と暮らしていたので，97 年 1 月頃，A は率先して週 1 回，家事手伝いに Y 方に通った。しかし，Y からやめた方がよいと言われ，2 か月間でやめた。同年 4 月，A は糖尿病のため入院した。翌月退院した際，直ちに Y に電話をして，退院したばかりだからと言って制止する Y に，30 分でもよいからと言って会ってもらった。同年 7 月頃から，A は再び Y 方を頻繁に訪ねるようになった。

　A は X に対して離婚したいと申し入れたところ，X は Y との話し合

いを求めた。話し合いの場でXはYに対して，Aと離婚できない理由，弁護士を通じて不法行為による損害賠償請求の準備に入っていることなどを告げ，回答を求めた。Yは，道義的な責任を認めたものの，なぜAを大切にしないのか，こちらも迷惑だと述べ，裁判をやるならどうぞなどと言った。こうしたやりとりを見て，当日の夜，Aは家を飛び出してY方に行った。Yは話し合いのこともあって，Aに強く帰宅を求めた。しかし，Aが頑強にこれを拒み，結局Y方に泊まり，それ以降，Y方でYの家族と一緒に暮らしている。AはBのことが心配でたまらないが，Xに連絡をとることができないため，別れたままになっている。

こうした状況の下で，XはYに対して慰謝料800万円と弁護士費用147万円を請求した。

[2] 法的論点

❶ 貞操義務とは何か，その根拠条文は何か。
❷ 貞操義務違反は，夫婦の間ではどのような責任を発生させるのか。
❸ 不貞の相手方の不法行為責任は，何を根拠に，どのような場合に認められるのか。

[3] 基礎知識の整理と判例・学説を調べるポイント

貞操義務と貞操義務違反 貞操とは，婚姻した夫婦間において，互いに相手方以外の人と性的関係を持たないという排他的な関係を義務づけるものである。民法にこれを明示する規定はないが，一夫一婦制の下では，婚姻の合意に含まれるものとして，当然の前提とされている。

貞操に反する行為を不貞行為という。夫婦の一方が他方に対して，不貞行為をするなと請求できたとしても，それを強制する法的な手段はない。不貞行為をした配偶者に対して，貞操義務違反を理由として慰謝料請求が考えられるとしても，婚姻を継続しながらそうした請求をする事案は，現

実には存在しない。請求してしまうと離婚に至る可能性が高いので，婚姻を継続したいのであれば，請求しないからである。結局，不貞行為をするような人とは婚姻を継続できないと思えば，不貞行為を離婚原因として離婚請求し（民770Ⅰ①），離婚に対する有責者として離婚慰謝料を請求するといった事後的な対応にとどまる。そこで不貞をされた配偶者の怒りの矛先が，不貞行為の相手方となった第三者に向かうことがある。

不貞の相手方の不法行為責任　判例は，夫婦の一方が不貞行為をした場合には，不貞行為の相手方は，他方の夫または妻としての権利を侵害しており，夫婦の他方が被った精神的苦痛を慰謝すべき義務があるとする（最判昭 54[1979]・3・30 民集 33・2・303）。ただし，甲の配偶者乙と第三者丙が性的関係をもった場合において，甲と乙との婚姻関係がその当時すでに破綻していたときには，特段の事情がない限り，丙は甲に対して不法行為責任を負わないとして，責任の発生を制限する（最判平 8[1996]・3・26 民集 50・4・993）。それは，保護法益を「婚姻共同生活の平和の維持という権利又は法的保護に値する利益」と捉えるため，すでに婚姻関係が破綻していたときには，保護法益を欠くからである〈→53 頁〉。

　他方，不貞行為当時，婚姻関係が破綻していなかった場合には，その後，夫婦が別居や離婚に至らなかったときでも，相手方の不法行為責任を肯定する。慰謝料を減額することはあっても，責任自体を否定しない。そして破綻しているかどうかは，別居を基準に判断されている〈→54 頁〉。

批判的な学説　これに対して，判例に批判的な有力な学説がある〈→54 頁〉。相手方が強度に違法な手段を用いた場合を除いて，配偶者の自由意思による場合には，相手方の不法行為責任を否定する。夫婦は婚姻の効果の範囲内で，債権的な権利・義務を有するにすぎないものと捉え，不貞行為を債権侵害的なものと構成する。したがって，一般の債権侵害と同じように，侵害者に故意・過失があるだけでは足りず，侵害行為の強度の違法性が要求される（上野雅和「夫婦間の不法行為」奥田昌道他編『民法学 7』（有斐閣，1976）91～92 頁等）。不貞行為は，不貞配偶者の自由意思によってなされたのだから，不貞の相手方の行為と他方配偶者が受けた精神的損害との間には法律上の因果関係がない（島津・後掲参考文献 123 頁），あ

るいは不貞の相手方の行為は，不貞配偶者の自由意思行為に取り込まれて，不法行為とはならない（前田達明『愛と家庭と——不貞行為に基づく損害賠償請求』（成文堂，1985）302~303 頁）として，不貞配偶者と相手方との共同不法行為とはならないことを明らかにする。

配偶者の自由意思について，「人の性の相手方の選択権は一つの基本的人権だから，配偶者の一方は他方配偶者に対し自分以外の者との性的インターコースを禁止する権利はない」とする説もある（小野幸二「家族間における不法行為」『講座・現代家族法 第 1 巻』（日本評論社，1991）91 頁）。性的自己決定権の視点であり，これを徹底すると，上記学説のいう「強度の違法性」がある場合でも，他方配偶者が相手方に対して慰謝料請求することを認めない。つまり，こうした場合とは，当該配偶者の意思を無視して性的関係を強要した場合のことなのだから，それ自体が当該配偶者に対する不法行為を構成する。したがって，性的関係を強要された当該配偶者が自らの身体・人格に関わることとして相手方に対して慰謝料請求すべきであり，他方配偶者が介入すべき問題ではないと考えるのである（水野紀子・判批・法学協会雑誌 98 巻 2 号（1981）309 頁）。

さらにこれを展開すると，夫婦間においても貞操義務違反としての法的責任を否定する説に至る。貞操義務の非法化論である。「貞操義務」や「貞操を求める権利」などは，その実現が法によって強制されたり，あるいはその侵害を不法行為として不貞配偶者やその相手方に損害賠償請求したりすることができるという意味での法的な「権利」や「義務」ではないとし，不貞は愛情の問題として，法の領域にかかわらせるべきでなく，むしろ，慰謝料請求により実現すべき金銭給付の問題は，婚姻の破綻や離婚についての婚姻費用分担や離婚給付等の財産上の問題として位置づけるべきであるとする（松本・後掲参考文献 39 頁）。

最近，有力説に基づく下級審判決が登場した。**ケース 16** 同様，妻が不貞行為をし，離婚に至ったことから，元夫が不貞行為の相手方に対して慰謝料請求した事案で，裁判所は，「夫婦それぞれは独立対等の人格主体であって，相互に身分的・人格的支配を有しないのであるから，夫婦の一方が自らの意思決定に基づき不貞行為に関わった以上，加担した第三者に

『配偶者としての地位』の侵害を理由として賠償責任を導くのは適切ではない」として，慰謝料請求を否定した（神戸地判平 25［2013］・7・24［未公表］）。

［4］ ケースの解決

　現在の判例によれば，夫 X と妻 A の関係は，性的関係が一切ない，お互いに無関心で関わりを持とうとしないなど，あまり仲の良い夫婦ではないが，別居しているわけではないから，判例の基準によれば，A と Y が性的関係を持った時に，X・A の婚姻関係がすでに破綻していたとは認定できない。また A・Y の不貞行為の結果，婚姻関係が破綻し，現在，A・Y が同居しているのだから，まさに婚姻共同生活の平和の維持という法益が侵害されている。したがって，X の慰謝料請求は肯定される。

　ケース 16 の元になった東京地判平 10［1998］・7・31 判タ 1044・153 は，A の積極的な行動を受け入れてしまったにすぎない Y が，A が X の妻であるという理由のみで X に対し不法行為責任を負わなければならないことについて，全く疑問がないわけではないとしつつ，X からすれば，「右不貞が A の自由な意思によるもので，その主たる責任が A にあるとしても，Y はそのような A の不貞の相手方となり，いまだ小学生の B を X 方に残したまま，ついには A と夫婦同然の暮らしをするようになり，その結果，X の家庭の平和を完全に崩壊させたにほかならないものというべきであるから，Y が何ら不法行為責任を負わないということは正義に反するというべきである」として，慰謝料として 100 万円，弁護士費用として 10 万円を認めた。「正義に反する」と言いつつ，相当大幅な減額である。これまでの A と X の夫婦生活の実情，A が積極的だったこと，X にも配慮に欠けた言動があったことなどの事情が考慮されたものと推測される。正義だけでは判断できない。

　有力説によれば，当該関係は，A の自由意思に基づいているのだから，Y に不法行為責任は発生しない。X・A が離婚に至った場合に，X から A に対して離婚慰謝料を請求することはできる。貞操義務非法化論によれば，離婚慰謝料も否定される。X が A に対して，日常的に信頼と愛情を寄せ

ていれば，こうした事態にはならなかったかもしれない，A に自分とやり直して欲しいと思えば，裁判等を起こして Y を責めるのではなく，A への愛情を示すべきだった，いずれも法の問題ではない，と考える。

[5] 課　題

訴訟の弊害　　不貞の相手方に対する慰謝料請求訴訟には弊害がある。**ケース 16** を見れば明らかだが，①訴訟で婚姻の破綻，不貞行為の経緯・実情等が主張立証され，プライバシーが暴露される。②婚姻の修復が困難になる。①との関連で，被告と不貞配偶者がいかに愛し合っていたかを知る，被告と不貞配偶者の結束を強める，などの副作用がある。③不貞行為から離婚に至る場合，①・②によって信頼関係を破壊された当事者間で，財産分与や子の監護に関して客観的な話し合いは難しい。特に**ケース 16** のように，母との関係が断絶している子への配慮が奪われてしまう。その他，④不貞の相手方が女性の場合，不貞関係が終了した後に女性が男性に対して認知請求や養育費の請求をすることがある。その際に男性の妻が女性に対して莫大な慰謝料を請求し，上記の請求を取り下げさせることがある。⑤美人局（つつもたせ），つまりわざと配偶者に不貞行為をさせ，私の妻あるいは夫に手を出した，慰謝料を払えと脅すケースが出てくる（判例は権利濫用とする。最判平 8[1996]・6・18 家月 48・12・39）。

　まさに「不貞の慰謝料を認め続けることは，一見すると婚姻や配偶者を保護するかのようであるが，実際には『争いの醜い拡大に裁判所が手を貸す』こと」にほかならない（伊藤昌司「今期の裁判例」判例タイムズ 499 号 (1983) 141 頁）。30 年も前の指摘だが，今もその事態は変わっていない。

　検討の視点　　性的関係は，自由な合意によって成り立つべきものである。性は個人の人格に密接不可分に結びつく人格的なものであり，誰と性的関係を持つかは，自分自身で決めることである。婚姻したからといって，性的自己決定権が失われるわけではない。したがって，配偶者が自由な意思で第三者と性的関係を持った場合，第三者には不法行為責任は生じない。ただし，第三者の行為がストーカーのような私生活の侵害や一般的な人格

権侵害に該当する場合には，通常の不法行為が成立する（潮見佳男『不法行為Ⅰ〔第 2 版〕』（信山社，2009）229 頁）。

次のステップとして，貞操義務自体を非法化できるかどうか。比較法的にみれば，ドイツ，オーストリア，フランス，英国，オーストラリア，米国などでは，夫婦間でも不貞の相手方に対しても慰謝料請求を否定したり，考慮しない扱いをしている（二宮＝原田・後掲参考文献 96～99 頁）。その背景には，第 1 に，婚姻は人格的な結合だから，夫婦の義務は自分達の責任で履行すべきことであり，人格的な問題に法は介入すべきではないという考え方が浸透したこと，第 2 に，離婚の破綻主義が徹底し，離婚に伴う経済的損失は，離婚後扶養ないし補償給付で対応できることなどがある。

法にはできることと，できないことがあり，それを自覚することから，法の守備範囲としての真の権利擁護，例えば，離婚給付（財産分与）の拡充，面会交流や養育費分担の実現，性的自己決定権の侵害としてセクシュアルハラスメント，DV，夫婦間レイプの損害賠償などが実現するのではないだろうか。

みなさんも判例・通説に挑戦してほしい。

■参考文献
- 島津一郎「不貞行為と損害賠償」判例タイムズ 385 号（1979）116～124 頁。
- 松本克美・判批・判例評論 434 号（判例時報 1518 号）（1995）35～40 頁。
- 二宮周平＝原田直子「貞操概念と不貞の相手方の不法行為責任」ジェンダーと法 10 号（2013）90～104 頁。

事項索引

あ 行

遺言　78
　——の解釈　87
　——の執行　92
遺言執行者　92
　——の権限　92
　——の法的地位　96
遺言能力　78, 88
　——の判定基準　79
遺産から生じた果実　59
遺産管理人　96
遺産分割　72, 101
　——協議の解除　72
　——調停・審判　103
　——の対象としない合意　63
遺留分減殺後の遺留分権利者と受遺者の法律
　　関係　100
遺留分と遺留分減殺請求　99
親の養育を受ける子の権利　32

か 行

外観説　37
　——の射程　40
介護　68, 76
可分債権　72
間接強制　32
共有物分割手続　104
寄与分　66, 101
具体的相続分　61
契約の擬制　69

減殺請求をして取り戻した財産の分割手続
　　100
権利濫用法理　42
公証実務　83
公正証書遺言の作成手続　80
子の意思の把握　35
婚姻関係　20, 107

さ 行

財産分与規定の類推適用　3
　——の根拠　6
財産分与の内容　25
債務の承継　51
債務の相続と遺言による指定　93
受益相続人が被相続人より先に死亡していた
　　場合の扱い　86
熟慮期間の経過　52
推定の及ばない子　38
性的自己決定権　108, 110
成年後見開始審判手続中の行為能力　79
相続財産の処分　52
「相続させる」旨の遺言　86
相続人でない者の寄与　67

た 行

代襲相続　67, 90
代理権濫用　46
多面的な破綻認定の基準　20
嫡出否認権の消滅　42
賃料債権　59
貞操　106

──義務違反　106
　　──義務の非法化　108
特別代理人の代理行為　48

　　　な　行

内縁　2
　　──の成立要件　2
　　──の認定　3
　　──の法的効果　3
日常家事　11
　　──の範囲外の法律行為　12
　　──の判断基準　11

　　　は　行

配偶者の自由意思　108
破綻　107
破綻認定の問題点　19
評価的要件事実　15
夫婦財産制と財産分与の関係　24
夫婦別産制　25
物権法上の共有　58

不貞の相手方の不法行為責任　107
扶養　74
　　──義務　65
　　引取り──　66
包括遺贈　99
保証債務の相続性　55

　　　ま　行

面会交流　31
　　──の義務性　32

　　　や　行

有責配偶者からの離婚請求　15
要素の錯誤論　54

　　　ら　行

利益相反行為　45
　　──の判断基準　45
履行の強制方法　32
履行補助者　67

判例索引

最判昭 29・4・8 民集 8・4・819　72
最判昭 30・5・31 民集 9・6・793　58, 103
最判昭 31・12・11 民集 10・12・1537　15
最判昭 34・6・19 民集 13・6・757　51, 93
最判昭 34・7・14 民集 13・7・1023　25
最大判昭 36・9・6 民集 15・8・2047　25
最判昭 43・12・20 民集 22・13・3017　80
最判昭 44・5・29 民集 23・6・1064　37, 38
最判昭 44・12・18 民集 23・12・2476　11
最判昭 46・5・21 民集 25・3・408　15
最判昭 46・7・23 民集 25・5・805　26
最判昭 54・3・30 民集 33・2・303　107
名古屋地判昭 55・11・11 判時 1015・107　12
岐阜家審昭 57・9・14 家月 36・4・78　3, 6
大阪高判昭 57・11・30 家月 36・1・139　4
最判昭 58・3・18 家月 36・3・143　87
大阪家審昭 58・3・23 家月 36・6・51　6, 7
名古屋高判昭 58・6・15 判タ 508・112　4
最判昭 59・4・27 民集 38・6・698　52
盛岡家審昭 61・4・11 家月 38・12・71　67
最判昭 62・4・23 民集 41・3・474　93
最大判昭 62・9・2 民集 41・6・1423　15, 18
最判平 1・2・9 民集 43・2・1　72
東京高決平 1・12・28 家月 42・8・45　68
最判平 2・9・27 民集 44・6・995　73
最判平 3・4・19 民集 45・4・477　86
東京高判平 3・7・30 判時 1400・26　101
大阪地判平 3・8・29 家月 44・12・95　4, 6
東京地判平 4・1・31 判タ 793・223　4
盛岡家一関支審平 4・10・6 家月 46・1・123　67

最判平 4・12・10 民集 46・9・2727　45, 46, 48
神戸家豊岡支審平 4・12・28 家月 46・7・57　67
最判平 5・1・19 民集 47・1・1　88
最判平 7・1・24 判時 1523・81　86
最判平 8・1・26 民集 50・1・132　101
最判平 8・3・26 民集 50・4・993　20, 107
東京地判平 8・5・13 判時 1602・97　17
最判平 8・6・18 家月 48・12・39　110
最判平 8・10・31 民集 50・9・2563　104
最判平 8・11・26 民集 50・10・2747　104
最判平 8・12・17 民集 50・10・2778　58
東京高判平 9・2・20 判時 1602・95　17
大阪高判平 10・2・9 家月 50・6・89　52
東京高判平 10・2・18 判タ 980・239　81
高松家審平 10・5・15 民集 54・3・1057　7
東京地判平 10・7・31 判タ 1044・153　109
最判平 10・8・31 家月 51・4・33　37, 39
最判平 10・8・31 家月 51・4・75　37, 38, 42
東京地判平 10・12・2 判タ 1030・258　12
横浜地相模原支判平 11・7・30 判時 1708・142　19, 27
最判平 11・12・16 民集 53・9・1989　86
東京高判平 12・3・8 判時 1753・57　86
最決平 12・3・10 民集 54・3・1040　3, 6, 7
最判平 12・3・14 家月 52・9・85　37, 39, 40
八女簡判平 12・10・12 判タ 1073・192　12
東京高決平 12・12・7 判タ 1051・302　52
高松高決平 13・1・10 家月 54・4・66　55
東京高判平 13・1・18 判タ 1060・240　19, 28
最判平 13・10・30 家月 54・4・70　53

大阪高決平 14・1・15 家月 56・2・142 　33
東京高決平 14・2・15 家月 54・8・36 　72
最判平 14・6・10 判時 1791・59 　86
大阪高決平 14・7・3 家月 55・1・82 　52, 53
神戸家決平 14・8・12 家月 56・2・147 　33
東京地判平 14・10・2 金法 1671・54 　94
大阪高決平 15・3・25 家月 56・2・160 　33
最決平 15・8・6 家月 56・2・160 　33
東京高決平 15・9・24 金法 1712・77 　94
広島高岡山支決平 17・4・11 家月 57・10・86 　86
最判平 16・4・20 判時 1859・61 　72
東京地判平 16・7・7 判タ 1185・291 　79
最判平 17・7・22 家月 58・1・83 　88

東京高判平 17・2・23 未公表 　19
最判平 17・4・21 判時 1895・50 　4
最判平 17・9・8 民集 59・7・1931 　60
最判平 18・7・7 民集 60・6・2307 　42
高松高決平 20・3・5 家月 60・10・91 　54
最判平 21・3・24 民集 63・3・427 　51, 93〜95, 100
最判平 23・2・22 民集 65・2・699 　87, 90
大阪高決平 23・11・15 判時 2154・75 　6
大阪高判平 24・11・2 未公表 　40
東京高決平 24・12・26 判タ 1388・284 　42
最決平 25・3・28 判時 2191・39, 46 　33
神戸地判平 25・7・24 未公表 　109
大阪家判平 25・9・13 未公表 　42

著者紹介

二宮 周平（にのみや しゅうへい）
1951 年　横浜に生まれ，のち四国の松山で育つ
1974 年　大阪大学法学部卒業
1979 年　大阪大学大学院法学研究科博士課程
　　　　単位取得退学
1985 年　松山商科大学より立命館大学に移籍
1991 年　法学博士（大阪大学）
現　在　立命館大学法学部教授

主要著書

『事実婚の現代的課題』（日本評論社，1990 年）
『事実婚の判例総合解説』（信山社，2006 年）
『家族と法』（岩波新書，2007 年）
『家族法〔第 4 版〕』（新世社，2013 年）
『離婚判例ガイド〔第 3 版〕』（共著，有斐閣，2014 年予定）

事例演習法学ライブラリ＝4
事例演習 家族法

2013 年 11 月 25 日 ⓒ	初 版 発 行
2014 年 3 月 25 日	初版第 2 刷発行

著　者	二宮周平	発行者	木下敏孝
		印刷者	加藤純男
		製本者	米良孝司

【発行】　　　株式会社　新世社
〒151-0051 東京都渋谷区千駄ヶ谷 1 丁目 3 番 25 号
☎(03)5474-8818(代)　　　サイエンスビル

【発売】　　　株式会社　サイエンス社
〒151-0051 東京都渋谷区千駄ヶ谷 1 丁目 3 番 25 号
営業☎(03)5474-8500(代)　振替　00170-7-2387
FAX☎(03)5474-8900

印刷　加藤文明社　　　製本　ブックアート
《検印省略》

本書の内容を無断で複写複製することは，著作者および出版者
の権利を侵害することがありますので，その場合にはあらかじ
め小社あて許諾をお求め下さい。

サイエンス社・新世社のホームページのご案内
http://www.saiensu.co.jp
ご意見・ご要望は
shin@saiensu.co.jp まで

ISBN978-4-88384-203-2

PRINTED IN JAPAN

新法学ライブラリ 9

家族法
第4版

二宮周平 著
A5判／488頁／本体3,250円（税抜き）

平易かつ詳細な記述により，家族法を基礎からわかりやすく解説した好評テキストの最新版．第4版では，民法の一部改正（親権停止制度の新設，親権喪失事由の修正，未成年後見制度の拡充，面会交流や養育費分担の明文化など）および家事事件手続法制定を取り入れた．また第3版刊行後の新しい判例から重要な審判・決定例を多数紹介し，とくに相続させる旨の遺言（受益相続人が遺言者より先に死亡した場合の遺言の解釈），遺留分（相続分指定・特別受益持戻し免除の場合の算定方法）に関する最高裁判例については詳細に解説した．学部生・院生必携の教科・参考書．

【主要目次】
序章1 家族法とは何か
序章2 家族紛争の解決方法
Ⅰ 親族法　婚姻の成立／婚姻の効力／離婚の成立／離婚の効果(1),(2)／婚外関係の法的処理／実親子関係の発生(1),(2)／養親子関係／子の保護／高齢者への援助／氏名と戸籍
Ⅱ 相続法　相続法の概略と相続の原則／相続人の確定／相続財産／相続財産の管理と取戻し／具体的相続分／遺産分割／遺言(1),(2)／遺留分(1),(2)

発行　新世社　　発売　サイエンス社

ライブラリ法学基本講義 6-I

基本講義 債権各論 I
契約法・事務管理・不当利得
第2版

潮見佳男 著
A5判／392頁／本体2,950円（税抜き）

初版刊行以降の本書で扱った領域における，法改正・判例の動きに対応した改訂版．初学者には情報過多とならないように配慮しつつ，入門レベルを過ぎた方々にも記述面での不安のないように内容を改めた．労働契約法の制定，消費者契約法・割賦販売法・特定商取引法の改正，国際物品売買契約条約（ウィーン売買条約）のわが国での発効など立法面での動き，判例変更をも伴うものもある重要な最高裁判決の連鎖，さらには債権法改正に向けた様々な動向にも十分に対応した．2色刷．

【主要目次】
第1章　契約の基礎／第2章　契約の成立／第3章　契約の効力／第4章　契約の解除／第5章　売買 (1) 成立面での諸問題／第6章　売買 (2) 売買の効力（その1）：総論・権利の瑕疵担保責任／第7章　売買 (3) 売買の効力（その2）：物の瑕疵担保責任ほか／第8章　贈与／第9章　貸借型契約総論・消費貸借／第10章　使用貸借／第11章　賃貸借 (1) 賃貸借契約の成立・効力・終了／第12章　賃貸借 (2) 賃貸借契約と第三者／第13章　賃貸借 (3) 借地借家法総論；借地制度／第14章　賃貸借 (4) 建物賃貸借制度；敷金・権利金・保証金／第15章　雇用／第16章　請負 (1) 総論；工事完成までの諸問題／第17章　請負 (2) 工事完成後の諸問題／第18章　委任 (1) 総論；受任者の義務／第19章　委任 (2) 受任者の権利；委任の終了／第20章　寄託・組合・和解／第21章　事務管理／第22章　不当利得制度／第23章　侵害利得／第24章　給付利得　総論／第25章　特殊の給付利得／第26章　三当事者間の不当利得

発行　新世社　　発売　サイエンス社

ライブラリ法学基本講義 6-Ⅱ

基本講義 債権各論Ⅱ
不法行為法
第2版

潮見佳男 著
A5判／240頁／本体2,300円（税抜き）

不法行為法の基本的な考え方を学ぶことのできる大好評テキスト，待望の改訂版．初版刊行以降の法改正や判例の動きに対応．法学部で学ぶべきミニマムエッセンス，そして法科大学院における前提知識を簡潔に解説した．簡潔かつ明解な記述，配慮の行き届いた構成による格好の入門書．2色刷．

【主要目次】
第1章　不法行為制度／第2章　権利侵害／第3章　故意・過失／第4章　因果関係／第5章　損害／第6章　損害賠償請求権の主体／第7章　損害賠償請求に対する抗弁（1）／第8章　損害賠償請求に対する抗弁（2）／第9章　使用者の責任・注文者の責任／第10章　物による権利侵害／第11章　共同不法行為・競合的不法行為／第12章　差止請求と損害賠償／第13章　名誉毀損および人格権・プライバシー侵害／第14章　医療過誤・説明義務違反／第15章　自動車損害賠償保障法上の運行供用者責任

発行　新世社　　発売　サイエンス社